JÜRGEN WOLF

DAS HANDBUCH FÜR KRAFTORTE

„Es bleibt einem jedem immer noch so viel Kraft, das auszuführen, wovon er überzeugt ist“

- Johann Wolfgang von Goethe -

für Betti

Jürgen Wolf

DAS HANDBUCH FÜR KRAFTORTE

Möglichkeiten Dir neu zu begegnen

Nachdruck 2025
2. Auflage, 2019
Veröffentlicht im Synergia Verlag, Alle, JU/ CH,
eine Marke der Sentovision GmbH/ S.A.R.L.
www.synergia-verlag.ch

Vertrieb und Ansprechstelle für die Produktsicherheit in der EU:
Synergia Auslieferung GmbH
Industriestr. 20
64380 Roßdorf
info@synergia-auslieferung.de

Umschlaggestaltung, Gestaltung und Satz: FontFront.com, Roßdorf
Printed in EU

Fotos:
Pixabay, Jürgen Wolf
Kraftorte: Brighid
Jürgen Wolf Eigenrecherche
viele Behörden/Touristinfos der genannten Gemeinden
Tipps von Besuchern der Webseite des Autors

ISBN-13: 978-3-906873-84-8

Bibliografische Information der Deutschen Bibliothek:
Die Deutsche Bibliothek verzeichnet diese Publikation in der deutschen Nationalbibliographie; detaillierte bibliografische Daten sind im Internet unter http://dnb.ddb.de abrufbar.

Inhaltsverzeichnis

Übungen / Rituale

Kraftorte in Deutschland

Einleitung

Kraftorte
sind so individuell und besonders,
wie die Menschen, die sie aufsuchen

Und so ein individueller und besonderer Mensch scheinst Du ja zu sein, sonst würdest Du Dich nicht für dieses Handbuch interessieren. Ich wünsche Dir viele spannende und kreative Erlebnisse mit dem Inhalt dieses Buches und den Begegnungen an schönen und energetischen Kraftplätzen. Nimm Dir Zeit für Dich und erlebe einen Kraftort nicht nur durch einen kurzen Besuch.

Es bringt wenig, wenn Du eine so spannende Stätte aufsuchst, Dich freust, dort etwas spürst oder fühlst, und Dich nach kurzer Zeit wieder auf und davon machst. Du entfernst Dich von fantastischen Erlebnissen und Chancen. Du verpasst Möglichkeiten und Erfahrungen, welche eventuell Dein Leben verändern könnten.

Genieße, spüre und empfange die Energien, welche diese Plätze Dir anbieten. Dieses Handbuch wird Dir dafür sehr nützlich sein.

„Was ohne Ruhepausen geschieht,
ist nicht von Dauer“

- Ovid 43 v. Chr. - 17 n. Chr. -

Was ist eigentlich ein Kraftort?

Ein Kraftort ist ein Ort an dem man sich wohl fühlt, ein Ort wo man etwas erfahren kann, ein Ort der über Einem hinausgeht.

Diesen Plätzen wird meist eine positive psychische Wirkung im Sinne einer Beruhigung, Stärkung oder Bewusstseinserweiterung zugeschrieben.

Als Kraftort werden oft Plätze bezeichnet, die schon von unseren Vorfahren als rituelle Stätte benutzt wurden. Oft sind das alte Kultstätten, religiöse Orte oder auch historische Klöster und Kirchen. Auch Grabstätten, Schlösser und Burgen, sowie uralte machtvolle Bäume, heilende Quellen, geheimnisvolle Höhlen, mystische und magische Seen, oder Berge … alle diese Orte besitzen für uns eine energetische und kraftvolle Energie.

Kurz und einfach kann man sagen, Kraftorte haben eine eigene Ausstrahlung. Dies bemerkten schon Druiden und Schamanen. Sie nutzten diese Orte für Einweihungen und Rituale. Du hast sicher schon mal die besonderen Energien in und um Kirchen erfahren. Diese wurden absichtlich auf besonders starke Kraftorte gebaut. Viele Kirchen, Dome oder Kapellen sind von eingeweihten Baumeistern an genau diesen Stellen errichtet worden. Jemand der in einer dieser Bauwerke ein Gebet sprach, oder eine Meditation durchführte, empfing diese Energien sehr stark.

Es gibt vier Arten von natürlichen Kraftorten:

Wasser: Seen und Quellen

Erde: Steine, Höhlen und Felsformationen

Luft: Hügel, Grate (Gebirge) und Gipfel

Feuer: Alte markante Bäume, Wälder

Überall in Deutschland gibt es Orte mit Energiefeldern, die auch als spirituell bezeichnet werden.
Sie können Negatives von Dir wegnehmen und Positives freisetzen.

Kraftorte sind überall zu finden. Es sind ganz einfach Orte, an denen Du Dich rundherum wohlfühlst.

Du kennst sicher das Gefühl, Du bist an einem bestimmten Platz und irgendwie löst dieser Ort eine besonders starke Emotion auf Dich aus. Es kann ein schönes, wohltuendes Gefühl wie Freude, Harmonie oder einfach nur eine tiefe Entspannung sein. Es kann auch ein sehr starkes Gefühl der Verbundenheit mit der Natur sein. Der Alltag oder Dinge die uns vermeintlich wichtig erscheinen, treten plötzlich in den Hintergrund. Du empfindest die Schönheit der Natur und spürst Ehrfurcht, Respekt und Staunen. Du empfängst dieses Gefühl mit Deiner Seele und dem Herzen.

Die Welt in unserer heutigen Zeit befindet sich in einem starken Umbruch. Man hat das Gefühl, dass das Materielle, die sozialen Medien, die wachsende Digitalisierung uns immer mehr Luft wegnimmt. Menschlichkeit rückt in den Hintergrund. Der Mensch steht der Gewinnmaximierung der Firmen oft im Wege. Werden Mitarbeiter entlassen, steigen die Aktien. Umso wichtiger sind innere Ruhe, Kraft und Hoffnung. Kraftorte geben Dir Möglichkeiten (eines meiner Lieblingswörter), den Herausforderungen in Deinem Alltag neu zu begegnen, eine andere Sicht auf Deine Probleme zu finden und neue Wege zu gehen.

Nimm die Welt und die Energien der Kraftorte wahr. Nicht nur für ein paar Minuten. Ich mache mir immer wieder Gedanken über Menschen, die jedem erzählen, dass sie an so einem tollen Ort waren. Sie berichten ganz stolz, dass sie die Energie gespürt haben. Doch nach ein paar Minuten hetzen sie zur nächsten Sehenswürdigkeit. Was haben sie also von dem Kraftort mitgenommen?

Genau deshalb habe ich dieses Buch geschrieben. Verweilst Du länger an einem Kraftort, wirst Du bemerken, wie Du wieder in Einklang mit Deinen Kräften kommst, wie Deine inneren Ressourcen aktiviert werden. Du erfährst wie sich Frieden in Dir einstellt und lernst Dich neu kennen.

Um Dir Möglichkeiten für diese Erfahrung anzubieten, habe ich einige Methoden für Dich ausgesucht, einem Kraftort und Dir selbst neu zu begegnen.

Grundsätzliches...
für Deinen Besuch an einem Kraftort

Wie ich ja schon geschrieben habe, ist es nicht zu Deinem Vorteil, wenn Du für so ein Vorhaben wenig Zeit einplanst. Also nicht nur *mal dagewesen sein,* um hinterher zu sagen: „*....ach wie toll, ich habe ja echt was gespürt*".

Nimm Dir also Zeit. Du hast es verdient, dass Du Dir so ein schönes Erlebnis gönnst.
Genieße schon die Fahrt und den Weg dorthin. Wenn Du angekommen bist, schau Dich einfach nur so mal um. Freue Dich über Pflanzen, Bäume, Wasser, Gebäude, u.a. Mache Dir noch keine Gedanken über den Ort oder über die Dinge, welche Dich beschäftigen. Setze Dich, oder lege Dich auf den Boden und warte einfach ab.

Wenn Du bemerkst, dass Druck, Stress, sowie normale Alltagsthemen sich langsam von Dir verabschieden wollen, lass diese Energien einfach gehen. Vielleicht fließen sie in die Erde, oder den Fluss entlang, oder sie steigen in den Himmel. Erzwinge nichts. Je lockerer, oder sogar humorvoller Du das machst, umso schöner wird das Gefühl sein, immer leichter zu werden. Ich lasse Gedanken, die mir hinderlich sein könnten, einfach los mit den Worten: *...und Servus.*

Probiere es einfach mal. Oft sind wir der Meinung, es müsse alles kompliziert sein. Wir denken, je mehr Konzentration wir hineingeben, desto tiefer und spiritueller können wir in die Themen gelangen. Kann man machen – muss man nicht!

Es ist viel einfacher, negative Energie in der Natur zu verabschieden mit einem *Servus*, oder *Tschüss*, als mit langen Sprüchen. Manchmal nutze ich dennoch ein kleines Ritual. Ich verbanne alle Sorgen und Probleme in einen imaginären Tennisball, hole mir einen gedachten Baseballschläger und schlage den Ball mit voller Wucht Richtung Sonne. Dort sehe ich, wie er durch die Strahlen verpufft. Aber auch hier mache ich mir oft den Spaß und rufe mal laut, mal leise *...und Servus*.

Wenn Du losgelassen hast, darfst Du Dich auf das Ankommen freuen. Einfach da sein. Woran Du merkst, dass Du Dich eingefunden hast? Das sagt Dir Dein Kopf. Hier darf der Spruch: *Du hast ja nichts im Kopf* Wirklichkeit werden. Du bist angekommen, wenn sich eine Leere in Dir einstellt. Du hörst das Geräusch der Bäume, der Vögel, vielleicht den Fluss, alles andere um Dich herum tritt in den Hintergrund.

Soweit haben das auch schon einige Leute erreicht. Doch oft holen sie sich gleich wieder raus mit der Annahme: *Wow, ich war völlig entspannt*. Mach das nicht. Bleibe in der wundervollen Energie, die dieser Platz Dir schenkt. Bleibe lange dort, dann wirst Du merken, dass Du mit diesem Ort langsam *eins* wirst. Jetzt kannst Du mit einer von Dir ausgesuchten Methode beginnen. Sollte die Übung mehrere Fragen haben, so lasse Dir zwischen den Antworten genügend Zeit. Meist stellen sich zuerst die Antworten ein, die Du sowieso kennst. Du kannst sicher sein, dass noch

Einiges nach *oben* will, was es bisher nicht durfte. Schreibe Deine Antworten in das Buch und danach gehst Du zur nächsten Aufgabe.

Dies gilt für alle Übungen, Themen oder Rituale. Natürlich kannst Du die Übungen mit den Aufgaben gleich komplett durchlesen, um herauszufinden, welche Dich anspricht. Dann gehe aber Schritt für Schritt vor.

Auf keinen Fall empfehle ich Dir, mehrere Übungen durchzuführen. Nach dem Motto: *..wenn ich schon mal da bin..* Dies würde Dich verwirren und so verrückt es sich lesen mag, es wird Dir Kraft rauben. Ist ja wohl nicht Dein Thema, oder?

Dies ist ja ein *Handbuch.* Ich habe es so aufgebaut, dass Du für bestimmte Übungen die Antworten oder Gedanken hier eintragen kannst. Nutze es! Was glaubst Du, wie spannend es ist, wenn Du mit Deinem Handbuch wieder einmal eine besondere Stätte besuchst und Deine Notizen liest.

Dann ist da natürlich noch die Frage, gehst Du alleine, mit Partner, Freund, oder in einer Gruppe? Alle Möglichkeiten haben ihren Reiz, doch empfehle ich Dir, auf alle Fälle allein zu gehen, wenn Du nur für Dich sein möchtest. Es gibt so vieles, was man gemeinsam durchführen kann. Erlebe doch einmal, wie es sich anfühlt, so einen Ausflug nur mit Dir selbst zu erleben.

Du findest hier aber auch Rituale und Übungen mit dem Partner oder für eine Gruppe.

"Ich werde still, drehe die Sanduhr um
und erlebe die Zeit“

- Andreas Gryphius -

Übungen / Rituale

„Nur der Augenblick
ist meine Gegenwart“

- Andreas Gryphius -

Begegnung mit Deinem Kraftort

Du möchtest diesen besonderen Ort erst einmal kennenlernen? Du willst einfach nur mal die Energie dieser Stätte aufnehmen? Dann wünsche ich Dir viel Spaß mit dieser kleinen Zeremonie:

Versetze Dich auf Deine Art und Weise in einen leichten Zustand der Tiefenentspannung. Am Ende der Trance-Einleitung stehst Du in der Mitte Deines Ortes, oder wenn dies nicht möglich ist, stell Dich imaginär, in Gedanken dorthin.

Lass Dir Zeit, Deinen inneren Ort der Kraft mit allen Sinnen wahrzunehmen. Empfange was Du siehst, hörst, schmeckst und riechst. Spüre den Boden unter Deinen Füßen und schaue in den Himmel. Sieh in alle Richtungen. Blicke nach Osten und nimm wahr, was Du hörst, spürst, schmeckst und riechst. Dann wende Dich nach Süden, Westen und schließlich nach Norden.

Genieße Deine Sinneseindrücke in allen Himmelsrichtungen und nimm deren Energien auf. Jetzt kannst Du die Umgebung erkunden. Wie ist die Landschaft und wie wirkt sie auf Dich? Sind Pflanzen, Tiere, Steine, Flüsse, Seen, Wälder, Berge, u.a. vorhanden? Wie wirken diese auf Dich? Wie ist das Wetter? Welche Jahreszeit , welche Tageszeit?

Vielleicht zweigen Wege von Deinem Kraftort ab. Jeder Weg führt zu einem Abenteuer. Möglicherweise führt ein Weg sogar zu einer Lösung oder einem hilfreichen Hinweis für Dein Thema? Wenn Du dieses

Gefühl hast, dann verfolge den Weg in Gedanken dorthin.

Eventuell befindet sich dort ein Zeichen, eine Metapher, oder eine Anspielung für die Lösung Deines Problems. Schau Dich genau um. Nimm es an Dich und begib Dich wieder zur Mitte Deines Kraftortes. Bedanke Dich für diese wunderbare Natur, für die empfangenen Energien dieser Stätte. Verabschiede Dich von dieser kurzen Reise und spüre wieder den festen Boden unter Dir. Strecke Dich und mache ein paar Schritte mit kleinen Dehnübungen.

Wenn Du möchtest, kannst Du hier einige Gedanken dazu eintragen, oder eine Zeichnung von etwas, was Du gerade bildlich vor Dir siehst.

....

....

....

....

....

....

....

....

Sieben Fragen an Deine Seele

Viele Menschen glauben, sie hätten den einen – einzigen und optimalen Weg für Ihre Zukunft gefunden.

Oft ist das Thema allerdings eher oberflächlich und nicht immer mit dem wahren Wunsch der Seele vereinbar. Ist das, was Du über Dich denkst passend mit Deinem Weg? Können Dich Deine Wünsche, Ziele und Träume ernst nehmen? Hast Du manchmal das Gefühl, Du würdest die Leiter immer weiter hinaufsteigen, denkst aber, sie könnte eventuell an der verkehrten Mauer stehen?

Beschäftige Dich doch heute einmal, hier an Deinem Kraftort, in ganz lockerer Art und Weise mit Deiner Seele.

Es folgen sieben Fragen an Deine Seele. Da es hier um keinen olympischen Rekord geht, darfst Du Dir zwischen den Fragen genügend Zeit lassen und die Antworten einfach *entstehen* lassen. Konzentriere Dich nicht gleich auf die erste Antwort. Wenn Du Dir pro Frage mehrere Minuten Zeit lässt, melden sich noch viel spannendere Reaktionen.

Bevor Du zur nächsten Frage gehst, entspanne Dich an Deinem Kraftort. Denke nicht weiter nach und genieße die Natur. Nach zehn Minuten beschäftigst Du Dich mit der nächsten Frage. Dann wieder einige Minuten Zeit lassen für die Antworten, welche Dir Dein Unterbewusstsein sendet. Führe die Übung in diesem Rhythmus weiter fort.

Trage alle Antworten in Dein Handbuch ein.

Entspanne Dich.
Lass Dich gehen und sei locker.

Atme ein paar mal tief durch und spüre, wie positive Energie von diesem Ort in Deinen Körper fließt.

Lass es einfach zu.

Bevor Du die sieben Fragen beantwortest:

Denke einmal über Dein Leben nach und über die Rolle, die Du darin spielst.

Nimm Dir soviel Zeit wie Du möchtest.
Trage Deine Gedanken hier ein:

……………………………………………………………………

……………………………………………………………………

……………………………………………………………………

……………………………………………………………………

……………………………………………………………………

……………………………………………………………………

……………………………………………………………………

……………………………………………………………………

Öffne Dich jetzt für neue Blickwinkel und erforsche Deine Seele. Sei im Interesse Deiner Seele so locker und dennoch so ehrgeizig wie möglich.

1. Frage

Trittst Du für das ein, woran Du glaubst?

………………………………………………………………………

………………………………………………………………………

………………………………………………………………………

2. Frage

Berücksichtigst Du Deine weiblichen und männlichen Energien in gleichem Maße?

………………………………………………………………………

………………………………………………………………………

………………………………………………………………………

3. Frage

Was könntest Du tun,
um Deiner Seele mehr Raum zu geben?

………………………………………………………………………

………………………………………………………………………

………………………………………………………………………

4. Frage

Was würde Deine Seele wirklich beflügeln?

....

....

....

5. Frage

Was noch?

....

....

....

6. Frage

Und was sonst noch? Etwas, worüber Du noch niemals mit jemandem gesprochen hast.

....

....

....

....

7. Frage

Was könntest Du anders machen,
um Deine Seele in Zukunft anzusprechen?

……………………………………………………………………

……………………………………………………………………

……………………………………………………………………

Wenn Du Dir mal diese Übung näher anschaust,
welche Botschaft ist die wichtigste für Dich?

……………………………………………………………………

……………………………………………………………………

……………………………………………………………………

Was genau wird Dein nächster Schritt sein?

……………………………………………………………………

……………………………………………………………………

……………………………………………………………………

Die Fünf-Minuten-Naturdusche

Suche Dir irgendwo eine Grünfläche an Deinem Kraftort oder mache einfach eine Wiese, einen Park oder einen Garten zu Deinem Kraftplatz.

Gönne Dir fünf Minuten und überrasche Deine Energiefelder mit einer positiven Dusche. Ziehe Deine Schuhe und Socken aus und gehe langsam Schritt für Schritt durch das Gras. Spürst Du, wie es Dich kitzelt?

Wie fühlt es sich für Dich an, jetzt auf dieser Wiese barfuß zu laufen? Ist der Boden etwas nass oder noch kalt? Kannst Du auch die feuchte oder trockene Erde spüren? Ist das Gras eher kurz und weich oder strohig?

Nun bleibe für einen Moment stehen. Stell Dir vor, wie Du Dich mit dem Boden und der Natur verbindest. Nimm wahr, wie Dir der Boden durch Deine Fußsohlen neue Kraft gibt.

Fühle, wie neue Lebensenergien durch Deine Beine immer höher in den Körper aufsteigen. Dein ganzer Körper wird langsam diese Energien in sich aufnehmen.

Wenn Du diese positive Energie am stärksten fühlst, sage Dir innerlich:

Ich fühle mich stark,
ausgeglichen und frei wie die Natur.

„Die Erkenntnis der eigenen Kraft
macht bescheiden“

- Paul Cézanne -

Eine Blume sein...

Stell Dir vor, Dein Kraftort verwandelt sich ganz plötzlich in einen paradiesischen Garten voller Blumen. Eine Blume, gleich vorn, zieht Deine Aufmerksamkeit besonders an.

Geh in den Garten hinein und beuge Dich zu dieser Blume. Nimm wahr, wie sie aussieht, welche Farbe sie hat, ob sie duftet und so fort.

Nun lädt die Blume Dich ein, in sie *hineinzuschlüpfen* und selbst zu dieser Blume zu werden, ihr Wesen zu spüren und ihr Sein zu erleben.

Du nimmst nun die gesamte Pflanze wahr, wie sich die Wurzeln in der Erde verzweigen, wie die Blume Kraft aus der Erde schöpft, wie durch den Stiel die Lebenskraft der Blätter und Blüten hinaufsteigt, wie die Blüte Energie aus der Luft und von der Sonne aufnimmt, vom Regen und vomWind....

Werde zu dieser Blume!

Genieße diese Energie solange Du möchtest. Zieh dich dann, wenn Du magst, behutsam aus der Blume zurück und bewahre die Erfahrungen aus dem Sein der Blume in Dir. Öffne Dich damit für eine Lebensform, die sich von der ihren zwar unterscheidet, aber dennoch aus der gleichen schöpferischen Kraft erwächst wie Du selbst. Eine Blume fällt zum Beispiel keine Urteile...!

Verabschiede Dich nun aus dem paradiesischen Garten und komme wieder zu Deinem Kraftort zurück.

Souvenir von Deinem Lieblingskraftort

Sicher hast Du ein Smartphone dabei. Zur Erinnerung an den Ort, an dem Du Dich jetzt befindest, könntest Du ein Foto machen. Genau von der Stelle, welche Dich am meisten anspricht. Drucke das Foto aus und klebe es hier in Dein Handbuch. Schreibe darunter, was Du an diesem Ort beschlossen hast.

Natürlich kannst Du statt einem Foto auch eine Zeichnung anfertigen.

Oder Du klebst hier ein Blatt ein, welches von einem Baum fiel, oder....

An diesem Ort
habe ich folgendes beschlossen:

……………………………………………………………………………

……………………………………………………………………………

Die Macht der Bäume

Meistens sind Kraftorte von Bäumen umgeben.
Du kannst sie in einige wunderbare Rituale mit einbeziehen. Auch sie sind Symbole der Kraft, in ihrer eigenen individuellen Art. Rituale mit Bäumen sind sehr einfach und natürlich nicht nur an Kraftorten möglich. Jeder Baum ist ein eigener Kraftort. Deshalb haben die Menschen oft das Bedürfnis, einfach mal einen Baum zu umarmen um dessen Energie zu spüren.

Wie wäre es für Dich, wenn Du einen Schritt weitergehen würdest? Umarme den Baum und nimm die Kraft, welche für diese Baumart steht, in Dich auf. Ich stelle Dir einige heimische Bäume vor und erkläre Dir deren Symbolik. Umarme den Baum, oder setze Dich einfach an seinem Stamm. Schließe die Augen und nimm die Kraft und Energie des Baumes auf.

Apfelbaum

Er steht für die Liebe und Fruchtbarkeit. So wie die Frucht, der Apfel, für den Körper, so kann der Stamm des Baumes die Energie für die Seele sein. Er steht auch für das Symbol des Lebens und der Vollkommenheit. Nimm diese Energien in Dich auf, in Deiner Art und Weise.

Birke

Die Birke wird häufig als Maibaum genutzt. Sie steht für die Jugend und Freude. Auf Festen dient sie als Schmuck. Wir nehmen die Energie der Birke unbewusst für die Lebensfreude wahr. Falls Du niedergeschlagen bist und Dich nicht gut fühlst, wird Dir die Birke positive Kraft geben. Sie wirkt sehr beruhigend und bringt Dich in Deine Mitte.

Birnbaum

Die Germanen verehrten ihn als heiligen Baum und Sitz der Götter. Auch der Birnbaum gilt ähnlich wie der Apfelbaum als Symbol der Frucht und Liebe. Doch auch Wachstum, Erkenntnis und Einsicht gehören zur Energie und Symbolik des Birnbaums. Nimm die Kraft auf, welche Dich wohlfühlen lässt und Dir neue Blickwinkel für Deinen Alltag geben wird.

Buche

Sie steht für Vitalität und dem Leben im Hier und Jetzt. Sie unterstützt Dich, wenn Dein Denken inzwischen verkrampft wirkt und Du nicht aus Deinen Grenzen kommst. Sie ist ein hervorragender Seelentröster und gibt Dir Klarheit und Geborgenheit. Hier kannst Du Altes freigeben und Raum für Neues finden. Freue Dich auf die Kraft des Loslassens von weniger nützlichen Gedanken.

Bergahorn

Hier findest Du Harmonie und Fröhlichkeit. Gönne Dir Ruhe und Gelassenheit. Der Bergahorn steht für Freude und Humor. Negative Gedanken fließen unter dem Bergahorn leicht ab. Empfange die Kraft von Willensstärke, Gelassenheit, Selbstbewusstsein und besonders Freiheit. Nimm Verbindung mit diesem spirituellen Baum auf und fühle, wie es wäre, wenn Du *Dein wahres Ich* leben würdest.

Eberesche

Steht für Weisheit und als Baum des Lebens. Standhaftigkeit, Anpassungsfähigkeit und Zuversicht sind wesentliche Stärken der Eberesche. Ebenso Lebensfreude und Flexibilität. Für die alten Germanen galt er als Glücksbringer. Wunderbare Eigenschaften, welche Dir sehr viel Kraft und Heilung geben werden.

Eibe

Die Eibe ist ein alter und heiliger Baum. Ihr wird nachgesagt, dass sie Menschen und Tiere in eine andere Welt begleitet. Die Stärke des Baumes soll Seelen behilflich sein, den Weg ins Licht zu gehen. Da sie auch eine starke Kraft des Selbstschutzes bewirkt, kannst Du an diesem Baum vielleicht Kontakte mit Mensch und Tier der anderen Seite aufnehmen. Freue Dich in Erinnerung an Menschen, die leider nicht mehr in Deinem Leben sind. Erinnere Dich an die schönen Zeiten und Erlebnisse mit Ihnen. Vielleicht bekommst Du ja einen Hinweis, wie Du ein spezielles Problem lösen kannst.

Eiche

Die Eiche ist ein heiliger Baum. Sie steht für Kraft, Härte, Stärke und Ausdauer. Die Eiche ist wohl die Königin aller Bäume. Aus diesem wunderbaren Baum kannst Du die Energie von Standhaftigkeit, Kontinuität, Festigkeit, Treue und Weisheit bekommen. Tanke auf und lass die Stärke dieses Baumes in Dich einfließen.

Erle

Ähnlich wie die Eiche, steht die Erle für Stärke. Wenn Dir Lebensfreude, innere Stärke und Standhaftigkeit fehlt, bist Du hier genau am richtigen Baum. Der Erle wird nachgesagt, dass sich gerne Naturgeister in Ihrer Nähe aufhalten. Sie steht ja meistens zwischen Wasser und Erde. Die Erle hilft Dir, Verspannungen zu lösen und wirkt gut gegen Rheuma und Gicht. Die spirituelle Kraft steht für Schutz, Selbstvertrauen und Sinnlichkeit. Wenn Du ein neues Leben anfangen möchtest, kannst Du Dich auf die positiven Energiefelder der Erle freuen.

Fichte

Der klassische Baum zu Weihnachten. Sie trägt das Licht des Lebens und steht für Hoffnung und Wachstum. Bei den Germanen wurde sie als Schutzbaum und Lebensbaum verehrt. Die Fichte weist uns den Weg, wenn wir nicht mehr wissen, wohin es gehen soll. Die Verbindung mit der Fichte bringt Dir Klarheit und positive Lebensenergie.

Hainbuche

Ein regelrechter Schutzbaum. Sie unterstützt und stärkt Dich in Deinen Vorhaben. Ihre Eigenschaften bestehen aus sehr starkem Lebenswillen und Zuversicht. Man sagt, wenn bei der Hainbuche ein Ast abgebrochen wird, wachsen sofort wieder neue nach. Die Hainbuche kann für Dich als Metapher stehen, niemals aufzugeben, immer aufzustehen und Deiner Berufung zu folgen.

Hasel (Strauch)

Der Hasel steht für Fruchtbarkeit und sexueller Kraft. Er ist ein Sinnbild für Wollust. Die Nüsse sollen aphrodisierend sein und die Potenz steigern. Als Baum der Weisheit begünstigt er Glück und Erfüllung. Er hält böse Geister und schlechte Gedanken fern von Dir. Wenn der Frühling kommt, signalisieren die Zweige den Beginn der neuen Jahreszeit. Nimm die kreativen Energiefelder auf und nutze sie für den Neuanfang und die Lebensfreude.

Holunder (Strauch)

Schutz und Heilung sind die wichtigsten Kräfte des Holunders. Er hilft Kontakt ins Jenseits aufzunehmen. Möchtest Du in Verbindung mit Erdwesen wie Gnome, Feen, Zwerge, u.a. kommen, ist der Holunder die richtige Adresse. Hier kannst Du Deine negativen Gedanken in die Erde geben. Die Erdwesen bringen Sie weit weg von Dir. Lass an diesem schönen Baum Dinge los, die Dich herunterziehen. Vielleicht zwinkert Dir ja ein kleines Erdwesen dabei zu.

Nur eine Stunde im grünen Wald

Nur eine Stunde von Menschen fern
Nur eine einzige Stunde

Statt der tönenden Worte des Waldes schweigen
Statt des wirbelnden Tanzes der Elfen Reigen
Statt der leuchtenden Kerzen den Abendstern,
Nur eine Stunde von Menschen fern

Nur eine Stunde im grünen Wald
Nur eine einzige Stunde

Auf dem schwellenden Rasen umhaucht von Düften
Gekühlt von den reinen balsamischen Lüften
Wo von Ferne leise das Echo schallt

Nur eine Stunde im grünen Wald
Nur eine einzige Stunde

Wo die Halme und Blumen sich flüsternd neigen
Wo die Vögel sich wiegen
auf schwankenden Zweigen
Wo die Quelle rauscht aus dem Felsenspalt

Nur eine Stunde im grünen Wald
Nur eine einzige Stunde

- Auguste Kurs -
1815 - 1892
Deutsche Dichterin
(Auszug aus dem Gedicht)

Kiefer

Du willst Dich von Schuldgefühlen befreien? Dein Selbstvertrauen stärken? Du suchst Licht und Energie? Dir fehlt schon seit längerer Zeit Lebensfreude? Gestatten – mein Name ist Kiefer!
Die Kiefer hilft Dir, Deine inneren Ressourcen wieder aufzufrischen. Untergegangene Kräfte und Freude werden durch sie bestens wieder in Schwingung gebracht. Freue Dich auf ein Leben der Gelassenheit und nimm diese Energie durch die Kiefer auf.

Lärche

Die Lärche fördert Selbstvertrauen und Stärke. Das Wesen der Lärche ist Heiterkeit, Gemütlichkeit und Fröhlichkeit. Die Mythologie sagt, dass man in Wäldern, wo viele Lärchen stehen, Kontakt zum Feenreich finden kann. Die Lärche ist ein absoluter Kraftbaum und stärkt Deine Willenskraft und Dein Durchhaltevermögen. Lass Dich durch die Lärche motivieren, Deine Dinge mit Freude weiterzuführen.

Linde

Ein Baum, der Dir als Ratgeber sehr hilfreich sein wird. Früher gab es fast kein Gasthaus auf dem Lande ohne eine Linde davor. Dort war ein Treffpunkt für Feiern und Geselligkeit. Sie schenkt auch Geborgenheit und Trost. Alle Deine Wünsche, Ziele und Visionen können mit der Kraft der Linde unterstützt werden. Nimm Kontakt auf mit den Energien der Erfüllung, Ausgeglichenheit und Lebensfreude.

Ulme

Sie steht für Intuition und Erwachen. Für die Kelten war die Ulme ein heiliger Baum. Wer sehr sensibel ist kann sehr leicht mit diesem Baum Kontakt aufnehmen. Die Energien der Ulme unterstützen Dich optimistischer an die Herausforderungen Deines Alltags heranzugehen. Ehrlichkeit und Geradlinigkeit, Weisheit, Entschlossenheit und Gerechtigkeit werden durch die Kraft der Ulme in Schwingung gebracht. Dieser Baum gibt Dir die Motivation, Deine Aufgaben zu erfüllen.

Weide

Die Weide hilft Dir bei der Überwindung von Problemen. Sie ist auch ein Symbol für den Fluss des Lebens. Im Lebensfluss kommen die Begriffe Fruchtbarkeit, Wiedergeburt und Erneuerung vor. Bei diesen Themen kann Dir die Weide positive Energie schenken. Möchtest Du im künstlerischen Bereich aktiv werden, solltest Du die Kraft dieses Baumes aufnehmen.

Hast Du Dir mal Gedanken darüber gemacht, weshalb Du soviel Kraft spürst, wenn Du durch einen Wald gehst? Du hast sicher schon immer gespürt, dass die Bäume nicht nur Kraft ausstrahlen sondern auch viel Energie verbreiten. Vielleicht sind Bäume ja Lebewesen wie Du und Ich?! Bitte den Baum bei Deinem Ritual um Abgabe von Energie. Freue Dich auf die Möglichkeit Energie zu *tanken* und weniger nützliche abzugeben. Alles ist miteinander verbunden. Verbinde Dich mit den stärksten Kraftorten dieser Welt.

Vier Wünsche

Plötzlich kommt eine Fee daher und erfüllt Dir drei Wünsche.... usw. Das kennst Du ja sicher aus vielen Märchen und Sagen. Jetzt machen wir es einmal umgekehrt. Da kommt eine Fee daher und sagt Dir: *Du sollst von vier Wünschen, die Du hast, drei wegnehmen.* Wie bitte? Genau, zu drei Wünschen sagst Du *Goodbye.*

Vielleicht wirst Du Dich jetzt fragen, wozu das gut sein soll. Kennst Du Dein ganz großes Ziel? Deinen größten Wunsch, den Du hast? Wenn ich jemanden danach frage, bekomme ich oft die Antwort, ich habe jede Menge Wünsche und Ziele. Kannst Du Dir vorstellen, dass diese Menschen alle davon erreichen werden? Nur wenigen gelingt das. Aber was treibt Dich an? Welche Energie lässt Dich nach dem größten Wunsch, dem größten Ziel streben? Kennst Du überhaupt Dein größtes Ziel?

Mit dieser leichten, aber mental schweren Übung wirst Du herausfinden, was GENAU Dein großes Ziel ist.

Suche Dir vier Gegenstände hier an Deinem Kraftort. Vielleicht einen Stock, einen Stein, einen Tannenzapfen oder etwas anderes. Jedem dieser Gegenstände besetzt Du mit einem Deiner Wünsche, Ziele oder Visionen. Diese legst Du nebeneinander auf den Boden. Jetzt verabschiede Dich von einem der Gegenstände. Nimm Dir Zeit für diese Entscheidung. Gehe dann ein wenig an Deinem Kraftort herum und stelle Dich nach etwa fünf Minuten wieder vor die restlichen drei Gegenstände. Wieder sollst Du einen Gegenstand, der mit einem Wunsch besetzt ist, entfernen. Lass Dir auch jetzt Zeit dafür. Wie Du Dir sicher denken wirst, wiederholst Du das Ritual. Lauf wieder für etwa fünf Minuten an dem Ort herum und stelle Dich vor die beiden übriggebliebenen Gegenstände. Einen wirst Du abermals entfernen. Ist Dir jetzt bewusst, was Dein größter Wunsch, Dein größtes Ziel ist?

Ich habe Menschen weinen gesehen, die diese Übung durchführten. Einige haben dieses Ritual nicht zu Ende gebracht. Sie konnten sich einfach nicht entscheiden. Doch das Gefühl endlich zu wissen, was im tiefsten Unterbewusstsein immer darauf gewartet hat, von Dir angenommen zu werden, ist einzigartig.

Ein Tipp von mir: Nimm diesen letzten Gegenstand mit zu Dir nach Hause. Nutze ihn als Metapher oder/ und Glücksbringer.

Viel Spaß mit Deinem größten Ziel!

Der Gefühlscheck

Dieser *Check* ist etwas aufwendiger und braucht Vorbereitung. Nimm fünf große Zettel und einen Stift mit.

Hier kannst Du erfahren, wo Deine negativen und positiven Muster beheimatet sind.

Zur Einleitung ein paar Gedanken, die wohl sicher etwas theoretisch wirken. Doch nach Beendigung der Übung, wird sich für Dich Einiges was Deine Gefühle betrifft, auflösen. Es handelt sich hier nicht um ein Ritual oder eine Übung. Diese Methode kommt aus dem Bereich der Psychologie. Ich habe es schon oft angewandt und natürlich auch an einem Kraftort ausprobiert. Die Wirkung war enorm. Die Gefühlsebene wird um ein vielfaches stärker angesprochen.

Stelle Dir vor, ein Haus brennt und die Feuerwehr rückt an. Das Haus hat mehrere Etagen. Wenn die Feuerwehr jetzt versucht, Etage vier zu löschen, das Feuer sich aber auf Etage zwei befindet, wäre das doch völlig sinnlos, nicht wahr? Nehmen wir mal an, Du hast ein größeres Problem, oder Du hast Angst ein neues Projekt anzugehen, vielleicht sogar ein neues Leben zu beginnen. Beim Finden einer Lösung kommst Du aber nicht weiter. Du suchst verzweifelt auf der Etage vier, Dein Thema befindet sich allerdings auf Etage zwei.

Der Gefühlscheck hilft Dir herauszufinden, wo Deine Herausforderungen liegen. Auf dieser Etage befindet sich der Punkt, von dem aus Du die Lösung anstreben kannst. Ein Problem kannst Du nie mit der Art des

Denkens lösen, wie es erschaffen wurde. Diese Annahme stammt übrigens von Albert Einstein.
Deshalb hast Du hier eine Möglichkeit, mit völlig neuen Blickwinkeln Deine Gefühle schwingen zu lassen. Wie ich schon erwähnte, es wird wohl am Anfang etwas theoretisch sein ;-)

Löse Dich mal in Gedanken aus Deinen Grenzen. Du nimmst Dir fünf Zettel und schreibst darauf folgendes:

Auf das erste Blatt schreibst Du

ES IST MÖGLICH

Auf das zweite Blatt..

ICH ERLAUBE MIR

Drittes Blatt..

ICH BIN ES WERT

Viertes Blatt

ICH BIN FÄHIG

Fünftes Blatt

ANDERE STIMMEN DEM ZU
ODER STEHEN DEM NEUTRAL GEGENÜBER

„Ein Problem kannst du nie mit der Art
des Denkens lösen,
wie es auch erschaffen wurde"

- Albert Einstein -

Die erste Frage – Es ist möglich – hat mit Deiner Umwelt zu tun. Wo lebst Du? Wo arbeitest Du.?
Die zweite Frage - Ich erlaube mir - beschäftigt sich mit dem Thema, wie Du Dich verhältst und warum Du Dich so verhältst. Mit der dritten Frage wirst Du mit Deiner Identität konfrontiert. Lebst Du wirklich authentisch? Vierte Frage – Ich bin fähig – hier geht es um Deine Ressourcen, Dein Können und Fähigkeiten. Fünfte Frage – Andere stimmen dem zu oder stehen dem neutral gegenüber. Die Zugehörigkeit zu Partnern, Freunden, Bekannten ist der Inhalt auf diesem Schein.

Genug der Theorie. Suche Dir ein Thema aus, welches Dir sehr wichtig ist. Beispiel: Ich möchte ein neues Leben beginnen.
Lege dann die Blätter bitte in der Reihenfolge wie hier beschrieben vor Dir aus. Das erste Blatt wäre also ES IST MÖGLICH.

Du stellst Dich auf den ersten Zettel und beginnst immer mit den Worten die darauf stehen. Also hier würdest Du sagen: *Es ist möglich..., dass ich mein Leben verändern kann.* Bleibe solange stehen, bis Dir Dein Unterbewusstsein durch ein gutes oder ungutes Gefühl ein Zeichen gibt, ob Du hier mit der Aussage stimmig bist. Lass Dir Zeit, die ersten Antworten, die Dir Deine Gedanken geben, sind nicht das Thema. Es geht um Dein Gefühl – bitte achte nur auf Dein Gefühl!

Passt es, gehst Du auf das nächste Blatt. Wieder fängst Du mit den Worten auf dem Zettel an und fügst hier als Beispiel dazu.... mein Leben verändern kann.

Also: *Ich bin es wert..., dass ich mein Leben verändern kann*. Jetzt achte wieder auf Deine Gefühle, welche sich langsam einstellen werden. Passt es? Passt es nicht? So gehst Du den ganzen Gefühlscheck durch. Wenn Du auf einem Blatt *fühlst*, dass etwas nicht stimmig ist, schreibe Deine Gedanken dazu hier in das Handbuch.

Auf diesem Zettel hatte ich nicht das Gefühl, dass ich mein WAHRES ICH spürte.

Thema:

....

Diese Gedanken beschäftigen mich jetzt momentan:

....

....

....

Das werde ich jetzt sofort verändern:

....

....

....

Stille

Eine kleine Metapher-Geschichte, die sehr gut zu einem Kraftort passt.

Ein Mönch hatte sich in die Einsamkeit zurückgezogen um in der Abgeschiedenheit vom lärmenden Leben seine Zeit der Meditation und dem Gebet widmen zu können. Einmal kam ein Wanderer zu seiner Einsiedelei und bat ihn um etwas Wasser. Der Mönch ging mit ihm zur Zisterne, um Wasser zu schöpfen. Dankbar trank der Fremde. Etwas vertrauter geworden bat er den Mönch, ihm eine Frage stellen zu dürfen. *Sag mir, welchen Sinn siehst du in deinem Leben in der Stille?* Der Mönch wies mit einer Geste auf das aufgewühlte Wasser der Zisterne und sagte: *Schau auf das Wasser! Was siehst du?*

Der Wanderer schaute tief in die Zisterne, dann hob er den Kopf und sagte: *Ich sehe nichts.* Nach einer kleinen Weile forderte der Mönch ihn abermals auf: *Schau in das Wasser. Was siehst du jetzt?* Noch einmal blickte der Fremde auf das Wasser und antwortete
Jetzt sehe ich mich selbst! - Damit ist deine Frage beantwortet, erklärte der Mönch. *Als du zum ersten Mal in die Zisterne schautest, war das Wasser vom Schöpfen unruhig. Du konntest nichts erkennen. Jetzt ist das Wasser ruhig – und das ist die Erfahrung der Stille. Man sieht und erkennt sich selbst!*

Nette Geschichte, nicht wahr?
Übrigens, sollte hier an Deinem Ort ein Gewässer in der Nähe sein.... Schau doch mal hinein. Was siehst Du?

Geht´s noch weiter?

Hier eine kleine Übung um Dir zu zeigen, wie einfach es ist, aus Deinen Grenzen herauszugehen.

Du stellst Dich fest auf den Boden und hebst einen Arm mit gestrecktem Zeigefinger nach vorne. Jetzt drehst Du Dich mit dem Arm soweit Du kannst. Deine Beine stehen gerade auf der Stelle. Drehe den Oberkörper und halte den Arm gestreckt. Merke Dir genau die Stelle, wo Dein Zeigefinger hinzeigt. Jetzt gehst Du wieder zurück in die Ausgangsstellung.

Schließe Deine Augen und stelle Dir vor, Dein Arm würde sich jetzt noch viel weiter drehen als bisher. Stelle es Dir ganz intensiv vor.

Nimm wieder Deine Grundstellung ein. Dein Arm mit gestrecktem Zeigefinger zeigt wieder nach vorn. Drehe Dich wieder, soweit Du nur kannst.

Kann es sein, dass Du diesmal viel weiter gekommen bist?

Mach es Dir jetzt an Deinem Kraftort ganz bequem. Schließe Deine Augen und stelle Dir vor, dass Du mit Deinen Wünschen und Zielen noch viel weiter gehen kannst, als Du es bisher angenommen hast. Merkst Du, wie Deine Grenzen verschwinden?

Affirmationen

Es gibt kaum einen besseren Platz Affirmationen zu nutzen, als an einem Ort der Kraft. Affirmationen helfen Dir, Dich selbst zu ändern. Du nutzt einen selbstbejahenden Satz und sagst ihn wie ein Mantra immer wieder. So programmierst Du Deine Gedanken, Dich dauerhaft zu verändern. Fühlen, Handeln und Denken sind ständig miteinander verbunden. Egal was Du denkst, Du wirst immer recht haben. Glaubst Du, dass Du ein Verlierer bist, wirst Du auch so fühlen. Sicher kennst Du Otto, den Komiker. Er hatte einen lustigen Sketch, indem er sagte: *Großhirn an Kleinhirn... fang schon mal an* ..(dies und das zu tun)

Wenn Du der Meinung bist, Du hättest keine positive Ausstrahlung, kannst Du auch keine haben. Mit dieser negativen Einstellung wirst Du niemals andere positiv erreichen können. Deine Körpersprache wird sich genauso darstellen, wie Du denkst. Mit dauerhaften positiven Affirmationen werden sich Dein Verhalten und Deine Gefühle danach ausrichten.

Es gibt Affirmationen für verschiedene Bereiche und Themen in Deinem Leben. Such Dir genau jene aus, welche Dich vom Gefühl her am meisten ansprechen. Finde an Deinem momentanen Kraftort eine Stelle, wo Du sehr starke Energie spürst. Stelle Dich dort hin und sage Deine Affirmation immer wieder auf. Denke daran, wie Du sie aussprichst. Egal ob in Gedanken oder indem Du sie laut aufsagst. Fühle jedes Wort dabei. Nach einer Weile wirst Du bemerkten, wie sich Deine Gefühle ändern, wie Dein Körper eine aufrechte Haltung einnimmt.

Hier einige Affirmationen:

Angst

Mein Körper und meine Seele verbinden sich
mit dem Universum und werden eins.

Alles in mir fließt. Ich atme entspannt und ruhig

Gesundheit

Mich durchfluten Wohlbefinden
und positive heilende Kräfte

Meine Gesundheit verbessert sich immer
mehr durch positive Gedanken

Ich bin dankbar, für alles
was mein Körper für mich leistet

Ich weiß, dass mich dieser
Ort mit heilender Energie versorgt

Gesundheit ist ein ganz natürlicher
Zustand für meinen Körper

Geld

Der unendliche Reichtum
des Universums ist für mich da
Meine Gedanken sind
auf Reichtum ausgerichtet

Ich denke positiv über Geld
Ich verdiene es, reich zu sein

Ich bin erfolgreich und glücklich

Der Weg für meine Heilung
ist voller Licht und Energie

Selbstliebe

Ich nehme mich so an, wie ich bin

Ich fühle mich wunderbar,
weil ich mich selbst liebe

Ich öffne mich
meiner eigenen Schönheit

Ich bin in Frieden und Liebe
mit meiner Seele

Ich bin stolz
auf die Person, die ich bin

Partnerschaft

Liebe ist ein wundervoller
Teil meines Lebens

Ich sende Liebe in das Universum

Liebe schwingt
in jede Zelle meines Körpers
und ich fühle sehr viel Liebe in mir

Ich bin liebenswert
und verdiene es geliebt zu werden

Ich öffne mein Herz
und spüre sehr viel Liebe in mir

Gewichtsabnahme

Meine Abneigung gegen ungesunde
und fette Speisen wächst täglich.
Ich ernähre mich gesund

Jeden Tag fühle ich mich
gesünder und stärker

Ich bin gesund
und gehe den richtigen Weg

Mein Verlangen auf fettreiche
Lebensmittel löst sich immer mehr auf

Ich bleibe bei Stress ganz ruhig

Für mich ist es normal
schlank zu sein
Ich fühle mich innerlich
sehr wohl

Du möchtest Dich von Grund auf verändern? Du möchtest eine neue, positive und wunderbare Ausstrahlung? Menschen sollen auf Dich zukommen und Dir behilflich sein?

Dann nutze eine der stärksten Affirmationen die ich kenne:

Ich bin eine sympathische
und erfolgreiche Persönlichkeit

Ich besitze eine charismatische Ausstrahlung
und erziele eine positive Wirkung
auf meine Mitmenschen

Klar und voller Tatkraft
verwirkliche ich meine Wünsche und Ziele

Automatisch ziehe ich genau
die Menschen an, die mich bei der
Verwirklichung meiner Ziele unterstützen

Ich bin optimistisch,
voller Mut und eine strahlende
und lebensfrohe Persönlichkeit

Sprich (oder lies) diese Affirmation an Deinem Kraftort langsam und voller Gefühl auf. Verbinde Dich dabei mit der Natur und lass die Natur sich mit Dir verbinden. Spüre, wie diese Energie aus der Erde in Dich hineinfließt und Dich immer stärker und charismatischer macht.

Ameise & Co..

Die Symbolik der Tiere an Deinem Kraftort

Einheimische Tiere, die Dir an Deinem Platz begegnen, kannst Du für etwas sehr Spannendes nutzen. Alle Tiere haben eine Symbolik in der Spiritualität oder stehen für bestimmte Eigenschaften, die ihrer Art entsprechen.

Stell Dir vor, eines der folgenden Tiere hält sich dort auf. Du sitzt an einem schönen Platz und gehst in Gedanken in die Energie dieses Tieres. Du spürst, wie die Eigenart und Besonderheit dieses Lebewesens in Dich hineinströmt. Wie sich in Deinem Alltag neue Blickwinkel mit diesen Fähigkeiten erschließen könnten.

Viel Spaß beim Zusammentreffen mit...

Ameise

Sie steht für Geduld, Durchhaltevermögen, Fleiß, Disziplin.

Amsel

Energie die Natur zu verstehen, Mystik, Weissagung.

Biber

(denen begegne ich sehr oft an meinem Kraftort) Kreativität, Kraft der Visionen, Stärke, Neues zu erschaffen, Gestaltung von Träumen, Umsetzungsvermögen.

Biene

Sinn für Gemeinschaft, Unermüdlichkeit, Fleiß.

Buchfink

Höheres Bewusstsein, Übersinnlichkeit, Höhere Erkenntnis, Denken, Fröhlichkeit.

Bussard

Überblick, Verbindung mit dem Gewesenen und dem Hier und Jetzt. Überblick finden, von oben auf das Leben schauen. Wachsamkeit, neues Entdecken, Ruhe, Grenzen erweitern.

Eichelhäher

Himmel und Erde verbinden. Kraft, Macht Weisheit, Stabilität. Schutz und Wächter des Waldes.

Eichhörnchen

Lebensfreude, Kommunikation, Neues probieren, Aktivität, Weitblick, Neue Blickwinkel, Wendigkeit, Intuition, sich selbst versorgen.

Eidechse

Heilung, Regeneration, Hoffnung, Träume erleben, Tarnung.

Elster

Herzensgüte, Vertrauen, Geborgenheit, Blick nach innen, weibliche Energie, Trost, Schutz, Freude, Beziehungen festigen, Familie.

Eule

Aufmerksamkeit, höheres Bewusstsein, Beobachtungsgabe, Hellsichtigkeit, Schutz vor Täuschungen, Erleuchtung, Scharfblick, Prophezeiung, Einweihung in die Magie.

Falke

Schärfung der Sinne, Macht und Stärke, Blick auf eine andere Ebene, Achtsamkeit, neue Perspektiven sehen, Ritterlichkeit und Ehre.

Feuersalamander

Wächter, Lebendigkeit, Begegnungen mit neuem Denken, Transformation.

Fink

Lebendigkeit, Abwechslung, Vielfalt.

Fisch

Träume und Gefühle, Eingebung, Unterbewusstsein,

Fledermaus

Mit der anderen Welt beschäftigen, Einweihung, Wiedergeburt und Neubeginn, Veränderung, sich mit der Schattenseite und Ängsten auseinandersetzen.

Frosch

Neues wagen, Heilung, Fruchtbarkeit, Kreativität, Mut zu haben, Sprünge zu wagen.

Fuchs

Magie der Weiblichkeit, Unsichtbarkeit, schnelles Denken, Entschlossenheit, Diplomatisch, Geschicklichkeit, Klugheit, Anpassungsfähigkeit.

Hase / Kaninchen

Schnelligkeit, Liebe, Weiblichkeit, Sanftmut, Wiedergeburt und Neuanfang, Liebe zu Heilkräutern, Fruchtbarkeit.

Hirsch

Schönheit, Veränderung, Wandlung, Botschafter der Anderswelt, Lebensenergie, Geburt, Offenheit für Neues.

Hund

(für alle die Ihren treuen Freund dabeihaben)
Treue, Begleiter, Wächter, Spürsinn, Führung, Loyalität, Beschützer.

Käfer

Nimm ihn einfach als Glückssymbol.

Krähe

Loslassen, mit der Vergangenheit, Aussöhnen, Kraft der Spiritualität, Schöpfung, Magie, Vertrauen in die Zukunft.

Kuh

Weiblichkeit, Gelassenheit, Mütterlichkeit, Glück und Geduld.

Libelle

Weisheit und Licht, altes Wissen, Verbindung mit Verstorbenen, Feen und Elfen.

Mauerschwalbe

Friede und Glück in der Gemeinsamkeit.

Maulwurf

Stärke für Selbstheilung, kennt die Ursachen aller Dinge.

Maus

Schnelligkeit, Gerechtigkeit, Wachsamkeit, Vorsicht, Vorsorge, Schlauheit, Offen sein für Neues.

Otter

Liebe für die Familie, Lebensfreude, Intuition, Kreativität, Sinnlichkeit.

Pferd

Freiheit, Energie, Kraft, Loslassen, Schönheit, Reisen in andere Ebenen, Selbstheilung, Beweglichkeit, Leichtigkeit.

Rabe

Magie, Mystik, Geburt, Tod und Wiedergeburt, Intelligenz, Kommunikation, Schöpfung, Schutz.

Ratte

Anpassungsfähig, Aufbruch und Neuanfang, Organisationsmeister, Intelligenz.

Reh

Schönheit, Weiblichkeit, Neuanfang, Charismatisch, Liebe, Sanftmütig, Loslassen.

Rotkehlchen

Wachstum, Neues annehmen und verwirklichen, Willenskraft, Kreativität, Loslassen.

Salamander

Mit Feuer alte Themen verbrennen. Platz für neues Denken schaffen, Vergebung und Wandlung.

Schaf

Erschaffen von Träumen und Visionen, Sanftmütig und liebevoll.

Schlange

Lebenskraft, Verwandlung, Heilerin, Sexualität und Weisheit, Harmonie, Beweglichkeit, Immerwährender Wandel, Fruchtbarkeit.

Schmetterling

Wandlung, Leichtigkeit, Schönheit, Unsterblichkeit, Lebensfreude, Veränderung.

Schnecke

Geduld, Langsamkeit, Blick nach Innen, Auferstehung, Leben im Hier und Jetzt.

Schwalbe

Schutz und Wärme.

Schwan

Erkennen der Schönheit in allem, absolute Liebe, Wandlung, Symbol der Feen und Elfen. Verbindung in andere Seelenwelten.

Spatz

Selbstwert und Selbstachtung leben.

Specht

Erneuerung, Sicherheit, Wiedergeburt, Liebe, Wachstum.

Spinne

Die Vergangenheit mit der Zukunft verbinden, Kraft der Schöpfung, Kreativität, Weiblichkeit leben, Weisheit und Schutz.

Vogel (allgemein)

Blick ins Leben aus einer anderen Perspektive.

Wenn du es eilig hast, gehe langsam

Hast Du mal darauf geachtet, wie schnell oder langsam Du heute unterwegs bist? Hast Du es eilig zu Deinem Kraftort zu kommen, weil noch andere Aufgaben auf Dich warten, oder nimmst Du Dir Zeit für die vielen kleinen Dinge der Natur? Manchmal kann langsamer sogar schneller sein, so wie in dieser Metapher-Geschichte von Till Eulenspiegel:

Till Eulenspiegel ging eines schönen Tages mit seinem Bündel an Habseligkeiten zu Fuß zur nächsten Stadt. Auf einmal hörte er, wie sich schnell Hufgeräusche näherten und eine Kutsche hielt neben ihm. Der Kutscher hatte es sehr eilig und rief: *Sag schnell – wie weit ist es bis zur nächsten Stadt?* Till Eulenspiegel antwortete: *Wenn ihr langsam fahrt, dauert es wohl eine Stunde. Fahrt ihr schnell, so dauert es zwei Stunden, mein Herr!*

Du Narr schimpfte der Kutscher und trieb die Pferde zu einem schnellen Galopp an und die Kutsche entschwand aus Till Eulenspiegels Blick.

Till ging gemächlich seines Weges auf der Straße, die viele Schlaglöcher hatte. Nach etwa einer Stunde sah er nach einer Kurve eine Kutsche im Graben liegen. Die Vorderachse war gebrochen und es war just der Kutscher von vorhin, der sich nun fluchend daran machte, die Kutsche zu reparieren. Der Kutscher bedachte Till mit einem bösen und vorwurfsvollen Blick, worauf dieser nur sagte: *Ich sagte es doch: Wenn ihr langsam fahrt, eine Stunde...*

Loslassen

Ich habe für Dich ein kleines Ritual zum Loslassen und zur Auflösung von negativen Energiefeldern ausgewählt. Es ist ein sehr ausgleichendes und liebevolles Ritual. Möchtest Du etwas loslassen oder Dich von einem Thema befreien? Meist sind es negative Gewohnheiten oder Überzeugungen, die Dir im Leben wenig nützlich sind. Dennoch beschäftigen sie Dich viel mehr als Du möchtest. Dann fange gleich damit an. Dein Kraftort ist ideal dafür geeignet.

Bereite Dich vor

Überlege Dir, von was Du Dich gerne verabschieden möchtest. Lege Dich nur auf <u>ein</u> Thema fest. Das schafft Klarheit und Kraft, es geht ja schließlich um Veränderungen in Deinem Alltag.

An Deinem Kraftort ist Dein Körper in Bewegung und damit auch Deine Energie. Erzwinge nichts, sondern gehe ausgeglichen an die folgende kleine Meditation heran. Freue Dich auf die Natur und Deinen Kraftplatz. Atme den frischen Duft ein, höre die Vögel und genieße den leichten Wind. Mit der Zeit wirst Du fühlen, was genau Dich beschäftigt und welches Problem Du loswerden, bzw. überwinden willst.

Such Dir einen Baum

...oder lass Dich von einem Baum finden. Du wirst schon fühlen, welcher Baum es für Dich sein wird.
Bleibe dann stehen und nimm Dir auch innerlich einen Moment Zeit um anzukommen. Atme tief ein und ge-

nieße die Aussicht. Lade den Baum für Dein Ritual ein.

Verbinde Dich mit dem Baum

Es ist ganz einfach. Schließe Deine Augen und spüre, wie Deine Füße sich mit der Erde verbinden. Stelle Dir die Wurzel des Baumes vor. Lasse jetzt in Gedanken die Wurzeln des Baumes wachsen. Fühle, wie der Baum sich mit Dir verbindet.

Dein Thema darf jetzt kommen

Atme tief durch, sei entspannt und lasse Dein Thema einfach zu Dir kommen. Das Thema, von dem Du Dich verabschieden möchtest und loslassen willst. Sprich einen positiven Satz, wie: *Ich lasse jetzt .... los.* Oder fang an mit: *Ich werde mich jetzt von .... befreien.* Bsp.: *Ich lasse jetzt die Wut gegenüber ..... los.* Oder: *Ich verabschiede mich von negativen Gedanken gegenüber.....*

Dein Thema darf sich jetzt verabschieden

Öffne Deine Augen, schau und höre hin, wie einzelne Blätter vom Baum fallen. So wie der Wind die Blätter löst, so lösen sich negative Gedanken, Glaubensmuster und Gefühle von Dir. Sieh hin, wie schön es aussieht. Die Natur zeigt Dir, wie einfach loslassen sein kann. Erinnere Dich, dass Du mit Deinem ausgesuchten Baum stark verbunden bist. Die fallenden Blätter sind ein Symbol dafür, dass alles in Deinem Energiefeld, was Dich innerlich mit dem Problem noch verbindet, abfällt. Es fühlt sich auch für Dich ganz einfach an. Bleibe solange mit der Energie des Loslassens verbunden, bist Du das Gefühl hast, freier und leichter zu sein. Öffne nun wieder die Augen und bedanke Dich bei Deinem Baum. Bedanke Dich auch bei der Natur. Bedanke Dich bei Menschen, die in mit Deinem Thema verbunden waren und wünsche Ihnen Glück und Freude.

Beende das Ritual

Fühle innerlich noch mal die Wurzeln Deines Baumes und löse Dich dann von ihnen. Komm wieder zurück und genieße Deine neue Leichtigkeit und Ausgeglichenheit.

Zurück im Alltag

Beobachte, wie sich Situationen verändern. Es ist möglich, dass Du in den folgenden Tagen ähnliche Begebenheiten wieder erlebst und die Möglichkeit hast, jetzt völlig anders damit umzugehen. Sei stolz auf Dich, denn Du selbst hast die Veränderung in Dir wahrgenommen..

Viel Spaß in Deiner Veränderung!

Der religiöse Weg

oder.. der Kreuzweg von Jesus

Wenn Du einmal den Kreuzweg von Jesus an Deinem Kraftort in einer spirituellen Form gehen möchtest, wäre es von Vorteil, wenn Dein Kraftort z.B. einen Weg hat, bei dem das Ziel auch der Anfang des Weges ist. Sehr gut geeignet ist auch ein Weg um einen See herum. Du selbst legst fest, wann oder an welchem Abschnitt die nächste Station sein wird.

Ich gebe Dir die Texte des Kreuzweges vor und Du gehst in Dich, lässt Dir Zeit und beantwortest die Frage dazu. Fang einfach an und mache Dir an jeder Station Notizen zu Deinen Gedanken.

I. Station

Jesus wird zum Tode verurteilt

Wie schnell verurteilst Du Menschen in Deinem Umfeld?

....

....

II. Station

Jesus nimmt das Kreuz auf seine Schultern.

Was möchtest Du von Deinen Schultern nehmen?

....

....

III. Station

Jesus fällt zum ersten Male unter dem Kreuze.

Gestattest Du Dir auch mal hinzufallen? Welches Gefühl hast Du dabei?

....

....

IV. Station

Jesus begegnet seiner Mutter

Mutter Gottes, nimm auch mich in Deine Arme.
Wie bist Du Deiner Mutter begegnet?
Was hat Sie Dir für Deinen Lebensweg mitgegeben?

....

....

V. Station

Simon von Zyrene hilft Jesus das Kreuz zu tragen.

Wem hilfst Du sein Kreuz zu tragen? Wem möchtest Du in Zukunft helfen, sein Kreuz zu tragen? Es muss keine bestimmte Person sein, es kann auch eine Organisation sein, welche Du unterstützen kannst.

....

....

VI. Station

Veronika reicht Jesus das Schweißtuch

Schau nicht gleichgültig auf die Not von anderen und stehe ihnen zur Seite.

Wie genau kannst Du helfen? Was wäre Dir möglich? Welche Fähigkeiten kannst Du dafür einsetzen?

....

....

VII. Station

Jesus fällt das zweite Mal unter dem Kreuz

Hebe uns auf, wenn wir gestrauchelt sind

Von wem würdest Du Dir helfen lassen, wenn Du gestrauchelt bist? Was würdest Du Dir dabei wünschen?

……………………………………………………………………

……………………………………………………………………

VIII. Station

Jesus begegnet den weinenden Frauen

Schauen wir auch auf die anderen?

Gibt es jemanden, dem Du schon lange etwas liebevolles sagen würdest?

……………………………………………………………………

……………………………………………………………………

IX. Station

Jesus fällt zum dritten mal unter dem Kreuz

Sind wir nicht auch manchmal mutlos und verlassen?

Was genau brauchst Du, um nicht mehr mutlos zu sein?

……………………………………………………………………

……………………………………………………………………

X. Station

Jesus wird seiner Kleidung beraubt

Wie oft stellen wir den anderen bloß?

Wie fühlst Du Dich, wenn Du gespürt hast, einen andern bloßgestellt zu haben? Was machst Du in Zukunft anders?

………………………………………………………………………

………………………………………………………………………

XI. Station

Jesus wird an das Kreuz genagelt

Sind wir nicht auch gebunden an Menschen und Aufgaben?

An welche Aufgaben bist Du gebunden? Welche davon würdest Du gerne loslassen?

………………………………………………………………………

………………………………………………………………………

XII Station

Jesus stirbt am Kreuz

Ist Dir bewusst ,dass er auch für Dich gestorben ist?

Welche negativen Dinge können bei Dir sterben? Was kann auferstehen?

……………………………………………………………………

……………………………………………………………………

XIII. Station

Jesus wird vom Kreuz abgenommen und in den Schoß seiner Mutter gelegt.

- Halte uns in der Stunde unseres Todes -

Von wem möchtest Du gehalten werden? Würdest Du Dich fallen lassen können?

……………………………………………………………………

……………………………………………………………………

XIV. Station

Der Leichnam Jesu wird ins Grab gelegt

Wir sollen nicht trauern wie andere, die keine Hoffnung haben, denn wir werden auferstehen.

Versprich Dir jetzt, dass Du nie liegenbleiben wirst, wenn Du fällst. Versprich Dir jetzt, dass Du immer aufstehen wirst.

Ich verspreche mir ***jetzt,*** *dass ich immer aufstehe, egal wie oft ich falle.*

....

Name

....

Ort / Datum

....

Unterschrift

Der Sechzig-Minuten-Marathon

Für diese Meditation brauchst Du echt viel Mut. Es geht hier nicht nur darum, innere Erleuchtung, Ruhe und Energie aufzunehmen. Dies ist keine Meditation, die Du alleine durchführen kannst. Ideal wäre eine kleine Gruppe mit ca. fünf bis sechs Personen. Innerhalb von sechzig Minuten durchlebst Du ziemlich alle Gefühle, die ein Mensch haben kann. Wann hast Du Dich das letzte mal getraut, umherzuspringen wie früher als Kind? Wann warst Du völlig verrückt und hast schon mal mit geschlossenen Augen getanzt? Eine Person sollte die Leitung übernehmen und der Gruppe übermitteln, wann immer die nächste Übung beginnt.

Dieser 60-Minuten Marathon ist ein therapeutisches und spirituelles Ereignis, das vor vielen Jahren vom indischen Meister Osho an Veeresh erschaffen wurde.

Wie oben beschrieben, kann diese Meditation nicht allein ausgeführt werden. Während der Meditation haben die anderen Teilnehmer eine Art Spiegelwirkung, in der wir uns selber anschauen können. Durch die schnell wechselnden Aktivitäten und Kontakte mit den weiteren Teilnehmern, erreichst Du nach dem *Marathon* tiefe Stille und Entspannung, wie Du sie wohl noch nicht erlebt hast. Je mehr Du gibst, desto mehr bekommst Du während der Übung zurück.

Keine andere Meditation hat mir soviel gegeben, wie diese. Ich habe zum ersten mal gespürt, wie es ist, wenn alle Gefühle von mir gelebt werden dürfen. Oft habe ich mitbekommen, dass einige Teilnehmer es nicht

„Sorge macht Menschen zu
Gefangenen der Vergangenheit,
zu Opfern der Gegenwart
und zu Sklaven der Zukunft“

\- Corrie ten Boom -

(1892-1983)

geschafft haben, alle Übungen durchzustehen. Die sogenannten *Wächter* am Toreingang des Reiches der Glaubensmuster leisten nämlich ganze Arbeit. Aussagen wie: *...das ist doch albern*, oder: *...so was würde ich hier nie tun,* kamen öfters. Es ist auch sehr verständlich, denn wir sind fast alle Gefangene unserer Gefühle. Wir trauen uns nicht mehr, so wie die Kinder, völlig losgelöst, Freude zu empfinden, Trauer zu gestatten, Erotik anzunehmen oder mal ganz für sich in aller Stille zu sein. Mancher lebt sehr stark in dem Gefühl der Lebensfreude mit Lachen und Verrücktheit, aber mal in Ruhe mit sich zu sein, das fällt ihm dann doch schwer. Viele Menschen können keine eigene *Aggressivität* zulassen. Sie möchten immer die liebe nette Person sein. Ihnen fehlt es oft an Durchsetzungsvermögen. Sie gestatten es sich nicht, mal *Nein* zu sagen.

Du wirst schon beim Lesen merken, was da emotional auf Dich zukommt. Und die Übungen sollst Du auch noch vor und mit Anderen machen? Wie gesagt, für diese Meditation brauchst Du sehr viel Mut. Doch das Geschenk, dass Dir durch diesen *Marathon* gegeben wird, bliebt unvergesslich.

Vorbereitung

Geht mit einer Decke, Handtuch und leichter Kleidung zu dem Kraftort.

Sprecht vorher ab, wer diese Meditation leiten soll. Er muss euch alle 5 Minuten in die nächste Etappe führen. Er sollte Teilnehmer, die evtl. aussteigen, wie ein Coach motivieren, wieder einzusteigen.

Es kann losgehen

Ich benutze die Begriffe, aus der ursprünglichen Aum-Meditation:

1. Return to hell

Du stehst einem Partner gegenüber und schreist:
Ich hasse Dich
Komme in Kontakt mit all Deiner Negativität, Frustration und Wut. Lass es über Deine Stimme raus. Dein Gegenüber macht das Gleiche. Seid euch bewusst, dass ihr mit eurem Geschrei nicht den andern persönlich meint, er soll nur als Spiegel für Euch wirken. Das gilt auch immer für den momentanen Teilnehmer, mit dem Du jetzt diese Übung durchführst. Lass alles raus, ALLES. Natürlich scheidet körperliche Gewalt aus.

2. Heaven

Sobald der Coach die nächste Runde bekannt gibt, hörst Du auf zu schreien. Schließe jetzt sofort Deine Augen, schaue Dein Gegenüber an und sage: *Ich mag Dich*. Oder wenn Du möchtest *Ich liebe Dich*. Umarmt Euch und wechselt die Partner.

3. Second wind

Renne mit nach oben gestreckten Armen auf der Stelle und schreie was Dir in den Sinn kommt. Überschreite evtl. eine Schmerzgrenze. Gib 100 Prozent!

4. Kundalini rising

Schließe Deine Augen und schüttle Deinen ganzen Körper.

5. Cucoo`s nest

Tanze, springe, schreie und lass Deiner Energie freien Lauf. Benutze Körper, Stimme und Atem. Zeige Dich Dir selbst und den Anderen in Deiner Verrücktheit.

6. Free

Tanze mit geschlossenen Augen mit Dir selbst.

7. Meltdown

Sitze oder liege mit einem Partner und erlaube Dir Deine Trauer/ Deinen Schmerz zum Ausdruck zu bringen.

8. Laughing Buddas

Drehe Deine Energie jetzt in die entgegengesetzte Richtung und lache. Fange einfach mit: *Ha, Ha, Ha* an und habe dazu richtig Spaß mit anderen. Sei doch mal wieder Kind!

9. Dance to the lovers

Tanze, als ob Du Deine/n Heißgeliebte/n bezaubern willst. Spiele mit Deinem ganzen Charme und Deiner Erotik. Fasse aber Dein Gegenüber nicht an.

10. Center of the Universe

Alle Teilnehmer stehen verbunden im Kreis und sprechen das Mantra AUM

11. Wowing

Suche Dir einen Platz und sitze in der Stille. Werde zum Zeugen, beobachte Deinen Körper, Deine Gefühle und Deine Gedanken.

12. Namaste

(Ich grüße das Göttliche in Dir)

Gehe zu jedem Teilnehmer.. Mit *Namaste* dankt ihr einander für die gemeinsame Meditation.

Der 101. Schlag

Ein berühmter Weiser wurde einmal gefragt, warum er eine Sache trotz großer Hindernisse nicht aufgebe.

Und er gab einen Ratschlag, den alle beherzigen sollten, die versucht sind zu verzagen, wenn sie für eine gute Sache arbeiten.

Haben sie schon einmal einen Steinmetz bei der Arbeit beobachtet fragte er. *Er schlägt vielleicht hundertmal auf die gleiche Stelle, ohne dass auch nur der kleinste Riss sichtbar wird. Aber dann, beim 101. Schlag, springt der Stein plötzlich entzwei. Es ist jedoch nicht dieser eine Schlag, der den Erfolg bringt, sondern die hundert, die ihm vorangingen.*

Versprich Dir bitte, hier an diesem Ort:

GIB NIE – NIEMALS AUF!

Willst du mich heiraten?

Es gibt ja die tollsten Heiratsanträge. Gerade in TV-Shows versucht man sich oft zu überbieten. Jeder nach seinem Geschmack. Manchmal habe ich den Eindruck, dass das viele *Drumherum* und die Aufregung daraus von dem wirklich Wichtigen ablenkt – von der Kraft der Liebe. Wie wäre es denn, wenn Du gerade an einem Kraftort Deiner/m Lebenspartner einen Heiratsantrag machen würdest?

Ich habe mir dazu ein sehr schönes Ritual einfallen lassen. Du wirst ja sicher einen Ring bei dem Antrag verwenden. Aber statt ihn einfach aus der Hosentasche zu ziehen, machst Du es völlig anders:

Du gehst einen Tag vorher allein zu einem – oder Deinem Kraftort. Dort vergräbst Du den Ring mit Verpackung sicher in einer Dose, in die Erde. Wenn Du es noch schöner machen willst, kaufst Du Dir vorher einen kleinen Engel, oder eine Fee und stellst die Figur auf diese Stelle. Natürlich sollte der Ort, wo Du den Ring vergräbst nicht gerade mitten auf einem Wanderweg liegen. Am nächsten Tag kommst Du mit Deiner/m Liebsten an diesen Platz. Setzt euch einfach ganz nahe dorthin. Dann sagst Du: *Schau, da steht eine Fee, und wer so etwas Schönes findet, da kann es doch sein, dass sich bald etwas verbindet*. Jetzt kannst Du den Ring aus dem Boden holen.

Es geht hier nicht nur um ein schönes Ritual. Denke auch daran, dass der Ring in dem Boden an dem Kraftort mit starker Energie aufgeladen wurde. Gibt es denn einen kraftvolleren und schöneren Anfang für ein gemeinsames Leben?

Wie sagte schon Johann Wolfgang von Goethe:

„Glücklich allein ist die Seele, die liebt"

Diese Zeremonie ist nicht nur für einen Heiratsantrag machbar. Auch eine Freundschaft kann man so noch stärker besiegeln.

Aufladen / Reinigen

So ähnlich wie im Ritual *Willst Du mich heiraten* kannst Du auch andere Dinge an Deinem Kraftort aufladen. Vielleicht hast du eine Kette, einen Ring, oder ein anderes Symbol, dass Dir sehr viel bedeutet und Dich an schöne Dinge erinnert. Vielleicht steht der Gegenstand auch als Metapher für Stärke, Liebe oder ähnliches. Dann solltest Du diesen Gegenstand ab und zu an einem Kraftort reinigen und neu aufladen.

Ich kenne Menschen, die halten den Gegenstand in einen Bach, eine Quelle oder legen ihn an einen Baum. Ich wohne in den Bergen und reinige einen Gegenstand oft an einem kleinen Bach, der aus den Bergen fließt.

Ein Schmuck-Anhänger, der mir in einer schwierigen Zeit meines Lebens sehr viel Stärke gab, habe ich öfters über einige Tage an einen Baum an meinem Kraftplatz gehängt um ihn wieder aufzuladen.

Oder wie in der Zeremonie mit dem Ring beim Heiratsantrag: Vergrabe Deinen Gegenstand für einige Tage in den Boden des Kraftortes und lasse Mutter Natur die Reinigung und Aufladung übernehmen.

Es ist schon toll, so *aufgeladen* durch die Welt zu gehen!

Ein Brief an Dich selbst

Gehörst Du zu der Generation, welche noch Briefe geschrieben hat? Durch die neuen Medien wird das fast nur noch per WhatsApp, SMS oder Mail erledigt. Eigentlich schade, den so ein handgeschriebener Brief hatte doch was. Ich finde, dass mehr Gedanken auf Papier kamen, als durch die kurzen Infos nach Betätigung von Tasten auf dem PC oder Smartphone. Ich bin auch der Meinung, dass man viel tiefer in das Unterbewusstsein vordringt, wenn man die eigenen Gedanken auf Papier schreibt. Kein Druck auf die *Enter* Taste und weg ist die Nachricht. Einen Brief zu schreiben, ist heutzutage schon mit einem Ritual gleichzusetzen.

Und dann geht dieser Brief auch noch an Dich selbst. So mit eigener Adresse und eigenem Absender – spannend, nicht wahr? Für dieses Ritual brauchst Du an Deinem Kraftort ein Blatt Papier, einen Briefumschlag und evtl. eine Briefmarke. Natürlich auch einen Stift.

Was aber schreibt man an sich selbst? Ganz einfach, Du schreibst über Dich. Genauer gesagt, was Du in einem Jahr erledigen möchtest, oder wie weit Du in einem Jahr mit einem Thema bist. Hast Du ein Ziel? Möchtest Du Dich in einem bestimmten Bereich persönlich verändern? Willst Du Dich von einem weniger nützlichen Glaubensmuster verabschieden? Mehr Zeit für die Familie, oder mehr Zeit für Dich selbst? Wie genau sieht Deine Zukunft in einem Jahr aus?

Du schreibst, als wäre es jetzt ein Jahr später. Alles in der *ICH-Form* und immer positiv. Schreibe nicht, das

Du keine Angst mehr vor dem Thema … hast, sondern wie Du es gelöst hast. Schreibe nicht, ich werde mich nicht mehr ärgern, sondern ...ich bin selbstbewusst und stark. Natürlich mit Deinen Worten.

Vielleicht fällt Dir am Anfang nicht sehr viel ein.
Fange dennoch einfach an und schreibe drauf los. Am einfachsten (hört sich jetzt evtl. komisch für Dich an) ist es, wenn Du Dich erst mal begrüßt. So liegt schon der Stift in Deiner Hand und es kommen die ersten Buchstaben auf den Zettel. Und wieso solltest Du nicht eine nette Begrüßung an die Person schreiben, die Du am besten kennst?!

Nimm Dir ruhig Zeit für den Brief. Wenn Du mal ins Stocken kommst, dann gehe einfach an Deinem Kraftort spazieren. Du glaubst nicht, was Dir Dein Unterbewusstsein für Informationen sendet.

Bist Du fertig, gibt es jetzt verschiedene Möglichkeiten, wie Du mit dem Brief weiter verfährst:
Du nimmst ihn verschlossen mit nach Hause und legst ihn an einem Ort, wo Du ihn ein Jahr später wieder zu Dir nimmst. Das ist einfach, aber nicht die schönste Methode. Weitere Möglichkeiten: Du gibst Deinen *frankierten* Brief einem Menschen, von dem Du sicher weißt, dass er ihn nicht öffnen wird und ihn an einem für Dich unbekannten Zeitpunkt in den Briefkasten wirft. Deshalb nicht vergessen, Deine Adresse auf den Briefumschlag zu schreiben. Da Du Dich ja an einem Kraftort aufhältst, wäre es doch auch sinnvoll, Deinen Brief in ein Behältnis zu legen (Dose, etc.) um ihn an einer schönen Stelle in den Boden zu vergraben. Schütze in diesem Falle das Papier, indem Du es in

eine extra Hülle gibst. Ein Jahr später kommst Du wieder an diesen Ort und machst ein neues Ritual daraus. Die Begegnung mit Dir von heute und mit Dir aus der Vergangenheit, kann echt faszinierend sein!

Umarmungen

Mit diesem Erlebnis wirst Du Deinen Partner spirituell und energetisch neu entdecken. Sucht die richtige Stelle, an der Ihr diese Übung machen möchtet. Dann umarmt Ihr Euch so, dass Ihr in dieser Haltung eine längere Zeit verweilen könnt, ohne sich ständig neu auszurichten zu müssen. Zunächst hört es sich an, als wäre es eine sehr einfache Übung, doch braucht es etwas Überwindung länger als gewohnt in dieser Stellung zu sein.

Die Umarmung sollte mindestens fünfzehn Minuten dauern. Effektiver sind dreißig Minuten. Dabei wird nicht gesprochen oder geflüstert. Lasst alles einfach auf Euch wirken. Nach einer Weile werdet Ihr feststellen, dass Eure Gedankenwelt sich für einige Zeit verabschieden wird. Interessant wird auch die Erfahrung mit der Atmung sein. Irgendwann werdet Ihr merken, dass mal der Eine, mal der Andere den Rhythmus der Atmung des Partners annehmen wird. Es kann sogar vorkommen, dass Ihr energetisch den Boden verlassen werdet. Lasst Euch überraschen.

Alles zur richtigen Zeit

Für bestimmte Themen gibt die *Weiße Magie* sogar Wochentage vor. Aus diesem Grunde führen Magier bei zunehmendem Mond Rituale durch, die unterstützend wirken, etwas zu Erweitern. Besonders die Themen, Liebe, Geld und Glück sind dafür gut geeignet. Wenn es Dir um Krankheit, Unglück oder Pech geht, solltest Du Deine Meditationen, Mantras oder Gebete bei abnehmenden Mond ausführen. Abnehmender Mond verkleinert diese Probleme.

Zurück zu den Wochentagen. Vielleicht kannst Du es Dir ja einrichten, am jeweiligen Tag Dein Anliegen durchzuführen.

Montag

Mond: Intuition, Familie, Beziehungen, Veränderungen, Spiritualität

Dienstag

Mars: Fördert die Kraft, Hindernisse zu überwinden und hilft bei schnellen Entscheidungen.

Mittwoch

Merkur: Der Tag für Kommunikation und Überzeugungskraft.

Donnerstag

Jupiter: Finanzieller Tag. Wohlstand durch Glücksfälle. Hilfe bei akutem Geldmangel und Gerechtigkeit.

Freitag

Venus: Magie der Liebe, Liebesrituale, Harmonie, Freude, Leidenschaft, Vergnügen, Romantik.

Samstag

Saturn: Hilfreich, um sich von Menschen, die Energiefresser sind und schlechten Angewohnheiten zu verabschieden. Gut für Ausdauer um gute Ziele bis zum Ende zu verfolgen.

Sonntag

Sonne: Selbstbewusstsein, Gesundheit, Geld, Vitalität.

Ohne Barrieren

Diese Meditation unterstützt Dich, Deine inneren Barrieren gehen zu lassen. Auch hier suchst Du Dir den richtigen Platz an Deinem Kraftort. Lies die Meditation vorher in aller Ruhe durch. Dann gehst Du in Deiner Art und Weise in den wunderbaren Zustand der Entspannung.

Atme tief ein und mit jedem Ausatmen entspannst Du Deinen Körper mehr und mehr...

Stell Dir vor Deinem inneren Auge ein großes Tor vor. Dieses Tor ist der Eingang in Dein Unterbewusstsein. Begrüße Dein Unterbewusstsein mit Freude und Liebe und frage es nach Hilfe und Zusammenarbeit.
Dein Unterbewusstsein ist sehr viel stärker und mächtiger als Du denkst. Wenn Du es zu Deinem Verbündeten machst, gibt es Dir sehr viel Macht.

Verbinde Dich mit ihm, frage es, ob es Dir dabei hilft, Deine Themen zu lösen. Du musst die Themen nicht genau kennen. Du wirst allerdings mit starken Bildern arbeiten.

Öffne jetzt die Tür zu Deinem Unterbewusstsein.
Vielleicht ist es dort noch dunkel im Inneren, doch wenn Du sie öffnest, wird nach und nach mehr Licht durchscheinen. Nach einer kleinen Weile kannst Du dort einen großen Eisblock sehen. Er steht für die Hindernisse, welche Dir Grenzen setzen.

Jetzt friert dieser Eisblock alle Deine negativen Themen in sich ein. Nach einer kurzen Zeit, bemerkst Du, wie der Eisblock schmilzt. Sage Dir: *Wie die Sonne und das Licht den Eisblock jetzt schmelzen, so schmelzen meine negativen Themen, welche in diesem Eisblock sind. Es gibt keine Grenzen mehr, die mich einschränken.*

Konzentriere Dich darauf, wie der Eisblock zu schmelzen beginnt.. Schau hin, wie sich jetzt aus diesem Eisblock eine Pfütze bildet. Diese Pfütze wird zu Wasserdampf und steigt zur Sonne empor. Auf dem Weg dahin, löst sich alles auf.

Gehe wieder zu Deinem Tor ins Unterbewusstsein und schließe von außen die Tür. Bedanke Dich und komme wieder hier an Deinen Kraftort zurück. Spüre den Boden unter Dir und strecke Deine Arme in den Himmel.

Mein Freund der Baum

Ein kleiner Kontakt mit Deinem Freund ...dem Baum

Achte an Deinem Kraftort einfach auf Dein Gefühl und suche Dir intuitiv den Baum aus, der in diesem Moment Deine Aufmerksamkeit anzieht. Fühle, ob Du sagen kannst: *Das ist der richtige Baum für mich* Gehe zu dem Baum und lehne Dich an ihn. Du kannst ihn natürlich auch umarmen. Bleibe ein paar Minuten so stehen und nimm die Kraft und die Energie des Baumes in Dich auf.

Wenn Du dann die beruhigende Wirkung des Baumes spürst, schließe Deine Augen und genieße die Ruhe. Nach kurzer Zeit formulierst Du innerlich die Absicht, negative Energien von Dir abzuleiten um Dich in Dein inneres Gleichgewicht zu bringen.

Bitte das Baumwesen, Dir zu helfen, momentane Stressenergien zu beseitigen und abfließen zu lassen. Du wirst genau wissen, wann es soweit ist. Stelle Dir einfach vor, wie sich Deine negativen Energien bis hinunter zu den Wurzeln und noch weiter in die Erde hinein ausdehnen. So, als ob die Wurzeln des Baumes zu Deinen eigenen Wurzeln werden.

Jetzt stelle Dir vor, dass die gesamte Stressenergie in die Erde abfließt. Die Erde nimmt Dir die negative Energie ab und transformiert sie. Sei ganz locker, Du selbst brauchst nichts zu tun. Lasse alles über die Wurzeln des Baumes abfließen. So wie der Baum über die Wurzeln Nährstoffe aufnimmt, so kannst Du Dir vorstellen, dass Du über die Wurzeln positive Energien des Kraftortes in Dich aufnimmst. Lass es solange zu, bis Du Dich wohl fühlst.

Bedanke Dich beim Baumwesen für die Hilfe und Unterstützung. Beende dieses Ritual, indem Du Dich von dem Baum verabschiedest.

Es wäre gut für Dich, wenn Du dieses Ritual öfter durchführen würdest. Immer wenn Du an einer kraftvollen Stelle bist, suchst Du Dir einen entsprechenden Baum, der Dich *anspricht*. Du wirst erleben, dass dieses einfache Ritual eine starke positive Auswirkung auf Dein Befinden und Dein Energiefeld haben wird.

Begegnungen

Deine Gedanken leiten Dich und Deine Gefühle treiben Dich an. Oft meldet sich Dein Gewissen – auch wenn es besser manchmal schweigen sollte. Wenn Du Dich mit Deinem mentalen Innenleben mal anders auseinandersetzt, machst Du dabei überraschende und spannende Entdeckungen. Zusammenhänge, welche Dir vorher nicht bewusst waren, wirst Du jetzt besser erkennen.

In den Begegnungen, welche Du hier haben wirst, setzt Du Dich mit Deinen Themen auf einer symbolischen Ebene auseinander. In unserer kindlichen Imagination konnten Bäume zu Lebewesen werden, oder Naturgeister plötzlich hinter einem Baum hervor hüpfen. Gestatte ihnen und anderen, es wieder zu tun.

Du suchst Dir einen schönen Platz an diesem kraftvollen Ort aus. Lass Dich völlig von der Energie der Natur an dieser Stelle umgeben. Werde mit dem Ort eins. Stelle Dir vor, dass Dir jetzt ein Wesen, ein Tier, oder ein Verstorbener, den Du gut kanntest, hier erscheint und sich neben Dich setzt. Gib Deinem Ratio Urlaub und lasse Dich auf die Energie dieser Begegnung ein.

Natürlich kannst Du diese Begegnungen auch mit geschlossenen Augen erleben. Begrüße das Wesen oder die Person und freue Dich auf ein interessantes und vielleicht sogar spannendes Gespräch. Frage doch einfach, warum gerade...... zu Dir gekommen ist. Unterhalte Dich so, als wenn Du mit einem Freund reden würdest. Stelle alle möglichen Fragen und sei auf die

Antworten gespannt. Hier einige Tipps, für Fragen, die Du stellen kannst:

Kannst Du mir einen Hinweis geben, warum ich.....?

Was könnte ich tun, um ....?

Wovor, glaubst Du, habe ich Angst........?

Was könnte ich von Dir lernen...............?

Wie würdest Du an meiner Stelle...........?

Oder Du unterhältst Dich einfach so, ohne in die Inhalte von Themen Deines Lebens zu gehen. Vielleicht denkst Du jetzt, was soll das, sich mit jemanden zu unterhalten, der körperlich nicht da ist. Dein Unterbewusstsein bekommt bei dieser Art von Begegnung einen anderen Blick und gewinnt neue Einsichten.

Bei meinen Begegnungen habe ich viel über mich erfahren. Mein schönstes Gespräch hatte ich mit einem Adler. Der sagte mir: *Denke immer über die Grenzen hinaus, denn am weitesten sieht, wer am höchsten fliegt*. Seitdem denke ich immer über Grenzen, die ich mir früher selbst gesetzt habe – weit hinaus. Später fand ich heraus, dass dieser Satz sogar von einer Möwe stammt, der Möwe Jonathan. Die muss den Adler wohl mal getroffen haben!

Meine Rose

Ich bin für meine Rose verantwortlich

Und der kleine Prinz kam zum Fuchs zurück. *Adieu*, sagte er... *Adieu*, sagte der Fuchs.

Hier ist mein Geheimnis. Es ist ganz einfach: Man sieht nur mit dem Herzen gut. Das Wesentliche ist für die Augen unsichtbar.

Die Zeit, die du für deine Rose verloren hast, sie macht deine Rose so wichtig.

Die Zeit, die ich für meine Rose verloren habe..., sagte der kleine Prinz, um es sich zu merken.

Die Menschen haben diese Wahrheit vergessen, sagte der Fuchs. *Aber du darfst sie nicht vergessen. Du bist Zeitlebens für das verantwortlich, was du dir vertraut gemacht hast. Du bist für deine Rose verantwortlich.*

Ich bin für meine Rose verantwortlich...., wiederholte der kleine Prinz, um es sich zu merken.

Für welche Rose
in Deinem Leben bist Du verantwortlich?

……………………………………………………………………

……………………………………………………………………

Waldbaden

Waldbaden – das hört sich nach Erholung und Abschalten an. Und das ist es auch. Es handelt sich um eine besondere Therapieform aus Japan. Welchen Einfluss der Wald auf den menschlichen Körper und damit auf sein Wohlbefinden hat, dem ist die Wissenschaft seit gar nicht so langer Zeit auf der Spur.
Und je mehr sie herausfindet, desto erstaunlicher entdeckt sie die heilenden Eigenschaften.

Waldbaden gibt es seit 1982 und ist eine anerkannte Tradition aus Japan. Dort gehört es sogar zur staatlichen Gesundheitsvorsorge. Waldbaden ist sehr leicht anzuwenden und umzusetzen. Es geht darum, zu entschleunigen und über seine Sinne in den Moment zu kommen. Sozusagen dem Gedankenhamsterrad einfach mal Pause zu geben.

Ziel ist es, dass Du Dich in diesem Augenblick nicht nur im körperlichen, sondern auch im geistigen Zustand befindest. Du gehst in einen Park, auf eine Wiese oder nutzt diese Therapieform an Deinem Kraftort. Dort verlangsamst Du Deine eigene Schritt-Geschwindigkeit. Wenn Du glaubst, Du wirst langsamer, dann bist du immer noch zu schnell. Nimm noch mehr Geschwindigkeit heraus, soviel dass Du es kaum noch aushalten kannst. Das könnte am Anfang noch schwierig erscheinen, weil Du gelernt hast immer schnellen Schrittes Deine Dinge zu erledigen. Wenn Du Dich sozusagen im Schneckentempo bewegst, nimm all Deine Sinne mit, um die Achtsamkeit zu spüren. Schau Dich genau um und achte darauf, wo Du Dich befindest, was es zu entdecken, riechen, hören und zu schmecken gibt.

Du kannst auch Barfuß gehen und mal wieder in der Erde buddeln wie Du es als Kind gemacht hast.
Mit Deinem Körper und Geist geschieht beim Waldbaden etwas Wunderbares: Dein Immunsystem wird aktiviert, Dein Hormonsystem nimmt die Energien des Waldes auf. Stresshormone und Adrenalin werden reduziert und Dein Wohlfühlhormon Serotonin steigt an. Dies wurde gemessen und ist auch belegt.

Probiere es einfach mal aus. Wenn Du es richtig nutzen willst, solltest Du ca. zwei Stunden das Waldbaden durchführen. Um es nur mal kurz zu erfahren, beschäftige Dich mindestens eine Stunde damit.

Lass Deine Seele im Wald einfach BAUMeln.

Kraftorte in Deutschland nach Postleitzahlen

Hier findest Du viele Kraftorte, auch in Deiner Nähe. Wenn Du über die Plätze mehr erfahren möchtest, kannst Du über Suchmaschinen viele weitere Infos bekommen. Es würde den Rahmen des Buches sprengen, alle Details der Kraftorte hier zu beschreiben.

PLZ

0

PLZ 01 Dresden

Dresden
Wallanlage
Heidenschanze

Elstra
Hochstein-Sybillenstein

Hohenstein
Hohenstein

Königstein
Lilienstein

Neustadt
Mondbachtempel
Himmelsaugen
Sternenschiffe
Teufelsfuss

Rathen
Bastei

Reinhardtkopf
Teufelsturm

PLZ 02 Görlitz

Bautzen
Totenkopfaltar
Kälbersteine
Teufelskanzel

Beiersdorf
Altarhöhlentempel
Teufelsobservatorium

Cunewalde
Teufelstisch

Kleindehsa
Räubertempel

Königshain
Kuckuckstein

Löbau
Göttliche Macht
Schafberg

Sohland
Zwergenpyramide
Odins Zeigefinger
Steinzeitkino
Alte Sternwarte
Wehrsdorf
Mondhöhle
Thors Hammer
Himmelskuppel

Wilthen
Teufelskanzel

PLZ 06 Sachsen-Anhalt-Süd

Agnesdorf
Periodischer Teich

Alsleben
Der dicke Stein

Aschersleben
Speckstein

Bad Frankenhausen
Höhle im Kosackenberg
Barbarossahöhle
Kannibalenhöhlen

Ballenstedt
Gegensteine

Börnicke
Menhir

Dölau bei Halle
Steinerne Jungfrau
Dölauer Heide
Drosa
Teufelsteller
Bierberg
Hohe Berg

Eisleben
Menhir

Gerbitz
Bierberg

Gernrode
Der heilige Teich

Göhlitzsche-Leuna
Steingrab

Halle
Dölauer Jungfrau

Langeneichstädt
Dolmengöttin

Langeneichstädt-Steigra
Trojaburg

Mägdesprung
Alexisbader Heilquellen
Mägdetrapp
Teufelsmühle

Mücheln-Wettin
Komturei

Petersberg
Grabanlagen auf dem Petersberg

Quendlingburg
Teufelsmauer
Regenstein

Quenstedt
Schalkenburg
Ringwall
Stolberg
Pfingstfelsen
Hunrod-Eiche

Thale
Roßtrappe und Hexentanzplatz
Mönchestein
Teufelskanzel

Streigra
Trojaburg

Thale
Hexentanzplatz

Timmenrode
Kultstätte des Androgyn

Weddersleben
Teufelsmauer

Westerhausen
Königstein

Zörbig
Teufelstein

PLZ 07 Ostthüringen

Garsitz
Bärenkeller

Oelknitz
Opferplatz

Ranis
Ilsenhöhle

PLZ 08 Vogtland

Rotschau
Liegende Falte

PLZ

1

PLZ 10 Berlin

Berlin
Brandenburger Tor
Siegessäule
Heiligensee
Dachsberg
Groß-Glienicker-See
Nikolaikirche

PLZ 12

Buchow-Karpzow
Opferplatz

PLZ 14

Saaringen
Slawische Kultstätten

PLZ 15

Lossow
Schwedenschanze

PLZ 16

Angermünde
Großsteingrab Forst Suckow

PLZ 17 Vorpommern

Basedow
Großsteingrab

Ivenack bei Stavenhagen
Ivenacker Eichen

Krukow
Grabanlagen

Sassen
Großsteingrabanlage

PLZ 18 Mecklenburger Bucht

Blengow
Schalenstein

Boitin
Steintanz

Gnewitz
Großsteingräber

Göhren
Buskam

Kap Arkona
Slawischer Tempel

Lancken-Granitz / Rügen
Steingräber

Liepen
Steingräber

Lohme – Saßnitz / Insel Rügen
Königstuhl
Wissower Kliniken

Nadelitz
Streingräber

Nardevitz
Der große Stein
Neu-Mukran
Feuersteinfelder

Qualitz
Großsteingräber

Putbus
Hügelgräber

Rerik
Steingrab und Grabanlagen

Serrahn
Hügelgräber

PLZ 19 Mecklenburger Seenplatte

Bretzin
Hügelgräber

Görslow
Hügelgrab
Groß Görnow
Steingrab

Kritzow
Großsteingrab
Wächterstein

Parchim
Kulthalle

Ruchow
Steingrab Hohe Nonne
Hügelgräber

Strahlendorf
Hühnenbett-Hühnengrab

Tessin b. Boitzenburg
Sonnenberg

PLZ

2

PLZ 21 Hamburg-Süd

Amelinghausen
Totenstatt Nekropole

Barskamp
Hühnenbett – Dolmen

Bentesdorf
Hühnengrab am Klecker Wald

Boitze
Hünenbett

Boltersen / Rulltorf
Hügelgrabfelder
Großsteingrab

Buchholz
Klecker Wald
Hünenbett
Hügelgräberfeld

Büchen
Hellberg

Dahlenburg
Schieringer Forst
Steingräber
Hünenbett

Daudieck – Issendorf
Hügelgräber
Hünenbett

Deinste
Hügelgräber

Dierkshausen
Höllenberg

Eyendorf
Steingrab

Garlstorf
Himmelsberg

Garstedt
Höllenberg

Grundoldendorf
Hünenbetten

Hagenah
Steinkiste

Hammah
Steinkammer

Hedendorf
Sieben Schwestern Hügelgräber

Holm – Seppensen
Höllenberg

Horndorf
Hügelgräber
Hünenbetten

Kirchgellersen
Hügelgräber

Lamstedt
Steenaben
Steingrab

Langenrehm
Hohe Stein
Steingrab

Lüneburg
Riesensteine

Möhnsen
Opferteich (alter Dorfteich)

Nenndorf
Hünenbett

Neukasseburg
Schalensteine im Sachsenwald

Ohrensen
Siebenberge Hügelgräber

Ohlendorf
Ohlendorfer Totenstadt
Hünengräber

Radenbeck
Hünengräber
Hünenbett

Raven
Heidberg
Strietberg
Hünenbett

Rohstorf
Steingräber

Rolfsen
Steinkiste

Schulendorf
Engelsberg

Seedorf
Hünenbett

Soderstorf
Steinsetzung
Steingräber
Hügelgrab

Tötensen
Karlsquelle
Karlstein
Hügelgrab

Wanna
Kronskark

Westerwanna
Gravensberg
Hügelgrab
Steingräber

PLZ 22 Hamburg – Nord

Ahrensburg
Opferteiche bei Gut Stellmoor

Albertsdorf
Brutkampstein

Blekendorf
Langbetten Grabanlagen

Braak
Aukamper Moor

Hohenfelde – Trittau
Kultplatz Forst Hahnheide

Lauenburg
Riesensteingräber im Sachsenwald

Trittau
Forst Trittau Hanheide

PLZ 23 Lübecker Bucht

Grevesmühlen
Schalenstein Deckstein des Teufelsbackofens
Sühnestein

Wismar
Prähistorische Gräber

PLZ 24 Schleswig Holstein Nordost

Damp
Kultplatz „Rote Maaß“

Dille
Heiligenberg mit Ringwall

Högsdorf
Ruser Steinbruch

Kaköhl
Megalithgräber

Lehmsiek
Dolmen
Langbett

Oeversee – Munkwolsterup
Megalithgräberfeld

Satrup
Hechtmoor

Süderbarup
Thorsberger Moor
Steinkreis Kummerthy
Heilige Quelle

Tarbeck
Steingrab

Wees
Mooropferplatz

PLZ 25 Schleswig Holstein West

Albersdorf
Bruthkamp

Bunsoh
Schalensteine

Linden-Pahlkrug bei Pahlen
Ganggrab

Oldenbüttel
Hügelgäbergruppe

Wenningstedt
Großsteingrab Denghoog

PLZ 26 Friesland

Aurich
Thingstätte „Upstalsboom“

Esterwegen
Goldensberg

Friedeburg
Stapelstein in Etzel
Sonnenstein von Horsten
Steinsetzung in der Flurgemarkung „Hunt“

Großenkneten
Kapitstein
Glaner Braut
Hünenbett

Horsten
Sonnenstein

Leerseiten
Plytenberg

Stedesdorf
Rillenstein

PLZ 27 Bremen

Armsen
Giersberg
Kirchwalsede
Kulthügel am Weißen Moor

Axstedt
Hünensteine
Steinkammer

Badenstedt
Hügelgräberfeld
Hünenkeller Steingrab

Basdahl
Sieversberg
Hügelgrab

Bassum
Sieben Berge

Beckstedt
Sonnenstein Steingrab

Buchholz
Hünenbett

Bruchhausen – Vilsen
Heiligenberg Klosterheide

Cuxhaven – Sahlenburg
Grabhügel
Steinkiste

Debstedt
Langen Berg
Hügelgrab

Dehlthun
Heidenwall

Dötlingen
Goldberge

Donnern
Drachenstein Hügelgrab

Drangstedt
Hügelgräber
Hünenbett

Flögeln
Steingrab
Steinkiste

Garlstedt
Weißer Berg

Gnarrenburg
Steingrab

Haaßel / Lüneburger Heide
Königsgräber
Hünenbetten

Hagen
Weißen Berg

Haprstedt
Großsteingräber
Sonnenstein

Heerstedt
Steinkiste
Hohenaverbergen
Kultstätte im Dalsch

Kirchwalsede
Kulthügel

Krempel
Sonnenberg

Langen
Dolmen
Hügelgrab Lange Berg
Hügelgrab Paaschberg

Lehnstedt
Dolmen

Lübberstedt
Heilsberg

Meckelstedt
Hügelgräber
Steingräber

Minstedt
Hügelgrab
Tempelberg

Ostereistedt
Steingrab

Osterholz-Schambeck
Steinkammer

Sievern
Heidenschanze
Pipinsburg
Bülzenbett
Hügelgräber Sieben Berge
Drachenstein
Heidenstadt

Spreckens
Tempelberg

Steden
Menhir
Hügelgräber

Steinfeld
Steingräber

Unterstedt
Hügelgäber Hemp-Berg

Verden
Sachsenhain

Völkersen
Rillenstein
Hügelgräber
Steingrab Der große Kurfürst

Wanhöden
Der Henkenstein
Hohensteine
Steinkammer

Weertzen
Heilsburg

Wildeshausen
Visbeker Braut und Bräutigam
Hünenbetten Ahlhorner Heide
Glaner Braut

Zeven-Badenstedt
Hügelgräberfriedhof „Steinalkenheide“

PLZ 28 Bremen

Ottersberg
Kreuzbuchen

Schwanewede
Hügelgräberfeld

PLZ 29 Lüneburger Heide

Addensdorf
Addensdorfer Heide Hügelgräberfeld

Ahlden
Wodanseiche

Baarsen
Kammergrab

Belsen
Höllenberg

Behningen
Höllenberg

Bergen
Hünenburg

Boitzenhaben
Bickelstein

Bruchtorf
Steinkiste

Dreilingen
Donnersberg

Drethem
Schalenstein

Ebbenbrocken
Hügelgrab Ebbenbrocken

Fallingbostel
Sieben Steinhäuser

Hitzacker
1000-jährige Linde am Hitzacker-Weinberg
Opferstein bei Göhrde

Holthusen II
Steinkiste

Hodenhagen
Hellberg

Hösseringen
Hellberg

Hohenbünstorf
Goldberg

Kahlstorf
Hünenbett
Steinkammer

Kelingen
Steinkammer

Lehmke
Steinkiste

Lüchow
Schäferstein in Lübbow
Brautstein in Woltersdorf

Meißendorf
Goldberg

Melzingen
Opferstein
Molzen
Steinkiste

Ostenholz
Hünengräber Die Sieben Steinhäuser

Plumbohm
Opferstein

Rieste
Möncheberg

Schwemlitz
Weißer Berg

Seebenau
Kreuzberg

Stederdorf
Weißer Berg

Südkampen
Weißer Berg

Uelzen
Hügelgrab
Steinkiste im Uelzener Stadtwald

Veerßen
Steinkiste

Weste
Weißer Berg

Wietzetze
Hünenbetten

Wilsede
Wilseder Berg

PLZ

3

PLZ 30 Hannover

Barsinghausen
Alte Taufe am Deister

Benthe
Hügelgräberfeld Benthener Berger

Gehrden
Wallanlage

Laatzen
Hügelgräberfeld

PLZ 31 Hannover

Adenstedt
Heiligenholzberg

Alfeld
Himmelsberg

Ammensen
Teufelsberg

Bad Nenndorf
Wallanlage Heisterburg

Bad Pyrmont
Iberg

Brockenem
Bodensteiner Klippen

Brunkensen
Lippoldshöhle

Büren
Hünenberg, Hünenstein
Coppenbrügge bei Hameln
Mauern, Höhlen, Opferplätze am Südosten des Ith
Teufelsküche

Diekholzen
Sonnenberg

Eldagsen
Sonnenborn
Garwendelstein

Eldagsen – Frille
Heiliges Land

Elze
Teufelsberg

Esbeck
Sonnenberg

Everode
Paradiesgarten
Teufelskirche

Fischbeck-Langenfeld
Amelungsburg
Riesenberg
Tropfsteinhöhle

Fischbeck – Hess.Oldendorf
Dachtelfeld

Fischbeck-Hohenstein
Exterplacken Steinkreis
Grüner Altar
Hohenstein
Teufelskanzel

Fischbeck-Langenfeld
Wallanlage Amelungsburg
Tropfsteinhöhle

Fischbeck-Segelhorst
Dreigroschenhöhle-Amelungsberg

Fischbeck-Zersen
Kreuzstein
Teufelskanzel

Freden
Sonnenberg

Grupenhagen
Hühnengrab

Heeßel
Wallanlage

Hildesheim
Sültenteich
Tempelhaus

Hörsum
Stein

Hohenrode
Hüneburg

Lamspringe
Hügelgräber
Langenholzen
Hottenstein

Lauenau
Schloß Meysenbug

Linsburg
Gewekenstein
Lichtenberg

Mahlerten/Nordstemmen
Wallanlage Beusterburg
Mardorf
Hünenstein

Müllenbeck
Elfenborn

Neustadt a. Rübenberge
Hünensteine

Nordmannsturm / Nienstedt
Alte Taufe
Teufelskanzel
Der Teufelskamm

Nordstemmen / Mahlerten
Beusterburg

Reburg/Loccum
Luccaburg

Sehlde
Bodensteiner Klippen

Stöckse
Hügelgräber Sieben Berge
Giebichenstein
Steingrab

Weenzen
Heidberg

Winzenburg
Apenteichquellen
Ruine Winzenburg

PLZ 32 Ostwestfalen

Babbenhausen
Stein

Bad Meinberg Horn
Externsteine
Velmerstot
Silberbachtal

Buhn
Hünengrab

Detmold
Donoperteich mit mystischen Bäumen
und eisenhaltigen Quellen

Distelbruch / Detmold
Leistruper Wald mit Opferstein und Steinsetzung

Dörentrupp
Teufelsberg

Exertal
Wanderweg Patensteig
Wanderweg UFFO-Pfad

Lemgo
Teufelsküche

Leopoldstal
Opferstein

Lüdenhausen
Hexenberg

Porta Westfalica
Wittekindsberg

Steinegge
Hünengrab

Veldrom
Bielsteinhöhle

PLZ 33 Ostwestfalen

Bad Driburg
Iburg

Bad Driburg-Alhausen
Ulenstein

Boke
Hünenburg

Borchen
Steinkistengräber Kirchborchen
Steinkistengrab Etteln

Gellinghausen
Hünenburg

Höste
Heidenbusch

PLZ 34 Eder-Habichtswald

Altenbauna
Ringwall Baunsberg

Altendorf
Steinkammergrab
Riesenstein
Heiligenberg

Bad Karlshafen – Brüggefeld
Taufstein

Bad Wildungen
Hexenschanze

Besse
Ringwall Biestein

Borgholz
Der weiße Stein

Bründersen
Rauen Steine

Daseburg
Dörenberg
Tannenkopf

Dissen
Scharfenstein

Dörnberg
Keltische Wallanlage auf dem Dörnberg
Der Hohlestein
Helfensteine
Wichtelkirche

Eissen
Hüssenberg

Ellenberg – Guxhagen
Hünengrab
Ellenberger Stele

Elleringhausen
Teufelskopf

Eubach
Kreuzberg

Felsberg
Burg Heiligenberg

Fritzlar
Der Büraberg

Großenritte/Baunatal
Langer Stein

Gudensberg/OT Maden
Wodanstein

Hilgershausen/Frankenberg
Frau Holle-Höhle
Hilgershäuser Höhle

Holzhausen-Relebehausen bei Homberg/Efze
Das Teufelsköpfchen

Kassel
Herkules
Wilhelmshöhe
Teufelsmauer

Kirchhof
Heiligenberg

Maden
Wotanstein
Malstein

Metze
Lauratiusgrab
Hügelgrab

Naumburg-Heimarshausen
Riesenstein
Heidenreiche Berg

Niedenstein
Ringwall Altenburg

Niesetal
Schalensteine
Grabhügel
Teufels- Hexenstein

Obermarsberg
Eresburg

Oberrode
Ringwall Kring

Rimbeck
Steingrab

Rüde
Schloß Riede

Scherfede
Opferstein

Sebbeterode
Teufelsberg

Trendelburg
Nasser Wolkenbruch

Warburg
Donnersberg

Wiershausen bei Hann.Münden
Schalenstein
Hügelgrab

Willebadessen
Fauler Jäger

Wolfershausen/Edermünde
Riesenstein

Züschen
Steinkammergrab
Riesenstein

PLZ 35 Lahn

Amöneburg
Basaltfelsen

Breitscheid-Erdbach
Steinkammer-Höhlen
Kleingrubenloch
Karstlehrpfad

Dillenburg
Wilheimsteine

Heunstein
Wallanlage

Dillenburg
Wilhelmsteine

Dillenburg OT Nanzenbach
Walgerbörnchen Quelle

Ehringshausen
Heiligenteich
Himmelberg

Ernsthausen
Christquelle

Fronhausen bei Dillenburg
Heunstein und Heunweiher

Geismar
Donarquelle
Donareiche

Haiger-Langenaubach
Wildweiberhäuschen

Kirchain-Langenstein
Menhir

Lollar
Hangelstein

Marburg
Der Menhir von Langenstein

Münchhausen
Christenberg

Münzenberg bei Gießen
Götzenstein und Mühlsteine am Steinberg

Oberkleen
Götzenstein

PLZ 36 Rhön

Friedigerrode
Teufelskanzel

Kalbach
Taufstein auf dem Frauenberg

Lauterbach/Hessen
Thingplatz

Poppenhausen bei Fulda
Milseburg
Steinwand

PLZ 37 Südliches Leinetal

Adelebsen
Schäferstein

Badenhausen
Kästeklippen im Okertal

Bad Grund
Iberger Tropfsteinhöhle
Hübichenstein

Bad Sachsa
Römerstein
Eulenstein

Bad Soden-Allendorf
Altarstein
Hohe Meißner
Heiligenberg

Beverungen
Weißer Stein

Burgwalde
Bonifatiusstein

Dorste
Lichtensteinhöhle

Duderstadt
Sonnenstein

Dransfeld
Altarstein am Hengelsberg
Hünenburg

Düna
Große Jettenhöhle
Kleine Jettenhöhle

Eschershausen
Höhle bei der Drei-Tannen-Klippe
Kinderhöhle
Nasensteinhöhle
Rotsteinhöhle
Soldatenhöhle
Teufelsküche
Töpferhöhle

Eschwege
Hohe Meißner
Blaue Kuppe

Göttingen
Hünststollen

Göttingen-Grone
Glockensumpf-Quelle

Großenrode
Seelenlochstein

Herstelle
Burg Herstelle

Großenrode
Seelenlochstein

Herstelle
Burg Herstelle

Hess.Lichtenau
Hollsteine

Klein Lengden
Quelle

Kohnsen
Hünenborn

Lindewerra
Teufelskanzel

Moringen
Kultquellengebiet bei der alten Martinskirche

Mühlenberg
Teufelskü

Neuhaus/Solling
Bredenstein
Hackelbergstein

Northeim
Heiliger Hain Rethoburg

Osterhagen
Nixenhöhle

Osterode
Pippinsburg
Teufelsbad

Reinhausen
Felsschutzdächer

Ruhmspinge
Rumequelle

Schatzfeld bei Herzberg
Steinkirche Einhornhöhle
Steinkirche
de lüttje Kammer

Verliehhausen
Hexentanzplatz
Hexenquelle

Vockerode
Frau Holle-Teich an der L3742
Teufelslöcher

Walkenried
Himmelreichöhle Höllstein

PLZ 38 Harz

Bad Harzburg
Treppenstein

Beetzendorf
Großsteingräber

Benzingerode
Menhir
Hünenstein
Steingrab

Börnecke
Menhir

Blankenburg
Teufelsmauer
Regenstein

Börnecke
Prinzenstein

Braunlage
Wurmberg mit Hexentreppe
Achtermannshöhe
Breitesteiner Klippen

Bredelem
Steinkiste

Broitzen
Teufelsspring-Quelle

Darlingerode
Felsentor

Derenburg
Derenburg und Menhire Derenburger Forst

Elbingerode
Jettenhöhle

Elend
Steinfeld an der Holzkirche

Erkerode
Steinkammergrab Admashai

Evessen
Steingrab Tumulus

Goslar
Klusfelsen
Großer Kurfürst
Hexenküche
Kästeklippe
Mäusefalle
Treppensein

Groß Steinum bei Helmstedt
Steinkammer
Lübbensteine

Halberstadt
Fels- und Quellheiligtum
Langenstein
Klusfelsen

Teufelstheke
Thekengebirge Gläserne Mönch

Heimburg
Menhir

Helmstedt
Steingräber Lübbensteine

Ilsenburg
Ilsestein

Königslutter
Lutterspring-Quelle
Langenstein
Menhir

Osterode
Lichtensteinhöhle

Rübeland
Baumannhöhle
Bielshöhle
Hermannshöhle
Schmiedeknechtshöhle

Schierke
Brocken
Feuerstein

Schöppenstedt
Kirche St. Stephanus Heiliger Hain

Watenstedt
Wallanalage Hünenburg

Wernigerode
Brocken mit Hexenaltar und Teufelskanzel

PLZ 39 Sachsen Anhalt-Nord

Haldensleben
Haldenslebenleber Forst mit Teufelsküche und Küchentannen

Meyenburg
Steinkammer-

Seehausen
Götterstein

Süplingen
Teufelsberg

Wackersleben
Hünenberg

PLZ

4

PLZ 44 Dortmund

Dortmund
Die Hohensyburg

Lünen
Schloß Schwanshell
Hünenberg

PLZ 45 Nördliches Ruhrgebiet

Hattingen
Horgenstein

Niederwenningern
Hühnengrab Dumberg

Sythen
Sythener Steine

PLZ 46 Niederrhein

Heiden
Düwelsteene

Ramsdorf
Hügelgräberfeld

PLZ 48 Münsterland

Bad Bentheim
Burgfelsen
Schwefelquelle
Felsen Drususstuhl oder das Teufelsohrkissen

Embsbüren
Mehringer Hünensteine

PLZ 49

Belm – Verthe
Darpvenner Steine
Butterstein auf dem Gattberg
Teufels Backtrog und Backofen
Süntelstein
Sudermannssteine

Bippen
Waldgebiet Maiburg mit Heidentreppe
Teufelstein und Opferstein

Emstek
Hexen- oder Lünzhopsberg
Dosumsteine

Grambergen bei Bad Essen
Steinmahl Grambergen

Groß Berßen
Steingräber

Hagen am Teutoburger Wald
Teufelsquelle

Haltern
Sloopsteine

Ibbenbühren
Dörenther Klippe

Icker
Steingrab

Molbergen
Die Teufelssteine

Osnabrück
Karlstein und Großsteingräber in Hae
Iburg

Restrupp
Teufelsstein

Rulle
Steingrab

Spreckel
Rillenstein

Steinbeck
Großes heiliges Meer
Kleines heiliges Meer
Heiliges Feld

Tecklenburg
Der Hexenpfad

Ueffeln
Mathiesings Opferstein

Vechta
Hexenberg in Oythe

Vehrte
Süntelstein

Visbek
Großsteingräber mit dem Namen Bräutigam
Brautwagen, Heidenopfertisch
Kellersteine und Visbeker Braut

Werlte
Steingrab

Werpeloh
Steinkreis

PLZ

5

PLZ 53 Bonn

Mechernich
Kakushöhle

Nettersheim und Pesch
Matronenheiligtum

Oberollendorf
Steinkreis

PLZ 54 Eifel

Bollendorf
Kiesgräber
Menhir

Ferschweiler
Fraubillenkreuz
Druidenstein
Burgwallanlage
Wikingerburg

Herl
Herler Wacken

Hochscheid
Quellheiligtum

Kastel
Klausenhöhle

Kordel
Klausenhöhle
Genovebahöhle

Trittenheim
Eselstrapp
Hinkelstein

Wallenborn / Heckenmünster
Quellheiligtum

PLZ 55 Rhein-Nahe

Arnsheim
Menhir
Stein

Bruchhausen
Bruchhausener Steine

Idar-Oberstein
Wildenburg
Felsenkirche Abtei St. Hildegard
Hexentanzplatz

Nierstein
Langer Stein

Obersaulheim
Des Teufels Suppenschlüssel
Langer Stein
Teufelsstein

Oberwesel
Elfenley-Schönburg

Schwarzerden
Mithras-Heiligtum

PLZ 56 Westerwald

Bad Bertrich
Elfengrotte
Wasserfall des Elbesbach
Klidinger Wasserfall
Falkenlay

Bad Breisig
Reutersley

Bassenheim
Historische Baumallee

Boos
Booser Doppelmaar

Dernbach
Naturdenkmal Kaisereiche

Endlichhofen
Dicke Eiche

Hilgert
Felsengruppe Bühl

Kobern-Gondorf
Der Goloring

Oberdürenbach
Königsee

St. Goarshausen
Loreley

PLZ 57 Siegerland

Heckersdorf
Druidenstein

Kirchen (Sieg)
Druidenstein

Kirchhundem
Albaumer Klippen
Stelborner Klippen

PLZ 58 Sauerland

Altena
Quelle des Heiligen Einhart

Balve
Balver Höhle
Reckenhöhle

Ennepetal
Kluterthöhle

Hagen
Hünentor

Hermer
Felsenmeer Klusenstein

Hönnetal
Kulthöhlen

Iserlohn
Juffenspring oder Ballotsbrunnen

Wetter OT Herbede
Burg Hardenstein

PLZ 59 Lippeland

Bestwig
Veledahöhle

Bruchhausen
Bruchhauser Steine

Rösenbeck
Höllenloch

PLZ 59 Hamm

Brilon
Bruchhauser Steine

Soest-Ardey
Germanischer Opferplatz

PLZ

6

PLZ 61 Frankfurt

Altweilnau
Hexentisch

Bad Homburg
Bleibeskopf

Eschbach
Eschbacher Klippen
Seienstein

Kronberg
Altkönig

Oberursel
Oppidum über dem Heideränktal
Bleibeskopf
Altkönig
Keltenrundweg

Schmitten
Brunhilden- oder Bettstein
auch Teufelskanzel genannt

PLZ 62 Bergstrasse - Odenwald

Siedelsbrunn
Quelle zur Lichten Klinge

PLZ 63 Main-Spessart

Biebergemund – Bieber
Burgberg

Biebergemund-Wirtheim
Alteburg

Breungeshain
Bonifatiusbrunnen

Miltenberg
Der Merkurtempel auf dem Greinberg
Wannenberg Ringwall

Karlstein
Eisenbichl
Langacker

Nidda-Schwickartshausen
Teufelstein

Ranstadt-Dauernheim
Der Wilden Frau Gestuhl

Schotten
Taufstein
Bilstein

Soden bei Aschaffenburg
Sodenburg Ringwall

Lutzel
Hainkeller

PLZ 64 Odenwald

Beerfelden
Ebersberger Felsenmeer

Lautertal
Reichenbacher Felsenmeer
Hohenstein

Zwingenberg
Melibokus

Eberstadt
Burg Frankenstein, Magnetsteine

Darmstadt
Rosenhöhe

Roßdorf
Menhiranlage, Leppsteinwiesen

PLZ 65 Rheingau

Hofheim/Taunus
Kapellenberg

Kelkheim-Eppenheim
Teufelsschloss auf dem Rossert

Kelkheim-Fischbach
Mannstein am Staufen

Niedernhausen
Brunhildenstein an der Hohen Kanzel

Schlangenbad
Quarzsteinfelsen am Bärstädter Kopf
Felsen Wilde Frau, Wilder Mann

PLZ 66 Saarland

Baltertsweiler bei Namborn
Grauer Dorn mit Wendalinushöhle

Blieskastel
Gollenstein

Bruchmühlbach-Miesau
Elendsklamm

Dahn (Umgebung)
Teufelstisch
Braut und Bräutigam
Lämmerfelsen
Jungefernsprung
Rappenfels
Heufelsen

Güdersweiler bei St. Wendel
Wildfrauenhöhle

Homburg
Stumpfer Gipfel

Ihn-Niedaltdorf
Quellheiligtum Sudelfels

Kindsbach bei Landstuhl
Heidenfels mit Gutenborn-Quelle

Kirkel
Hollerlöcher im Kirkeler Wald
Frauenbrunnen
Sieben Fichten

Limbach
Birg

Neunkirchen
Jungferntreppe und Opferstein im Kasbruch

Nohfelden
Elsenfels

Nonnweiler-Otzenhausen
Hunnenring

Rendrisch
Spellenstein

Saarbrücken
Heidenkapelle auf dem Halberg
Hexenberg
Mitrashöhle
Nußberg

Schwarzerden
Wildfrauenloch

St.Ingbert
Großer Stiefel
Teufelsfels

Sengscheid
Fünfkantfelsen
Hänsel und Gretel Felsen

Sulzbach
Brennender Berg

Wallerfangen
Quellheiligtum Sudelsfels

PLZ 67 Pfalz

Altleiningen
Kamelkopf

Bad Dürkheim
Kriemhildenstuhl
Keltische Wallanlage

Dannenberg
Donnersberg
Keltenweg

Donnersberg
Keltische Viereckschanze

Frankenstein
Teufelsleiter
Maiblumenfels
Mausfels Kehrfelsen
Bittenbachfels Woogfelsen
Saufelsen
Atlasfels
Gänse- und Krisenfels
Martinsbrunnen Quelle im Leinbachtal

Hochspeyer
Hünengrab

Rockenhausen
Langenstein am Stahlberg

Waldleiningen
Atlasfels
Protztalbrunne
Leinbachquelle
Haidhaldquelle
Wassertalbrunnen
Karlsfelsen
Scharferfels

Wattenheim
Steinkreis

Weisenheim am Berg
Ungeheuersee

PLZ 69 Rhein-Neckar

Heidelberg
Heiligenberg

Lautertal-Bergstraße
Reichenbacher Felsenmeer
Hohenstein

Neckargemünd
Hohenstein

PLZ

7

PLZ 70 Stuttgart

Leinfelden-Echterdingen
Viereckschanze

PLZ 71 Stuttgart

Häfnerhaslach bei Ludwigsburg
Kanzelbuche

Hessigheim bei Ludwigsburg
Felsengärten

Sulzbach an der Murr
Teufelstein

PLZ 72 Oberer Neckar

Albstadt-Onstmettingen
Linkenboldshöhle

Bad Urach
Uracher Wasserfall
Gaismadelfels bei Hülben

Baiersbronn
Hutzenbachsee

Dietfurt
Burghöhle Steingrab

Empfingen bei Freudenstadt
Bodenloser See

Eningen bei Reutlingen
Mädlesfels

Gönningen bei Reutlingen
Roßberg

Gomadingen
Lauterquelle

Grabenstetten bei Reutlingen
Falkensteiner Höhle

Hohlenstein/Stadel
Steinzeithöhle

Hundersingen Heuneburg
Hohmichele

Lichtenstein bei Reutlingen
Nebelhöhle

Münsingen/Buttenhausen
Paideuma Domhaus

Nürtingen
Viereckschanze

Obernheim
Burgbühl oder Hexenbuckel

Pfullingen
Hörnle (Vorhügel des Urselberges)

Pliezhausen-Rübgarten
Viereckschanze

Sigmaringen
Dietfurter Höhle bei der Burgruine Dietfurt

Veringstadt
Nikolaushöhle
Göpfelsteinhöhle

PLZ 73 Schwäbisch Alb Nord

Bopfingen
Ipf und Goldberg

Donzdorf
Messelstein

Ebnat bei Aalen
Hohler Stein

Heubach
Rosenstein
Teufelsklinge
Herrgottstritt am Scheuelberg

Kaisersberg
Hägelesklinge

Kirchheim am Ries
Viereckschanze

Neidlingen
Heimensteinhöhle
Lindachquelle

Ochsenwang
Randecker Maar

Owen bei Kirchheim/Teck
Sibyllenloch

St. Johann
Wolfsfelsen

Schlattstall bei Lenningen
Goldloch mit Quelle der Schwarzen Lauterbach

Wiesenstein
Steinernes Weib

PLZ 74 Nordwürrtemberg

Cleebronn
Michaelsberg

Grossgartach bei Leingarten
Ringwall Harchenburg

Gundelsheim
Michaelsberg

Hardheim-Gerichtsstetten
Viereckschanze

Unterspelltach bei Frankenhardt
Quelle Gründischer Brunnen

PLZ 75 Nordschwarzwald

Calw
Wackelstein und Grabhügel
Der hohe Fels

Neuhausen
Merkurheiligtum

Schmie
Sommerhälde

PLZ 76 Karlsruhe

Baden-Baden
Merkurkultstätte auf dem Staufenberg

Bernbach
Mauzenstein

Forbach/Bermersbach
Giersteine

Geroldsau
Gerodsauer Wasserfall

Landau
Orenfels

Untergrombach
Steingrab

PLZ 77 Ortenau

Bad Rippoldsau-Schapbach
Glaswaldsee

Bühl
Löhle Köpfel

Ettenheimmünster
Heidenkeller

Oberharmersbach
Heidenkriche und Hexentanzplatz

Oberkirch-Nußdorf
Teufelstein auf Schiehalde

Schwaibach
Heidenstein

Seebach
Mummelsee

PLZ 78 Obere Donau

Aichhalden-Rötenbach
Bergheiligtum der Diana Abnoba

Altheim
Viereckschanze

Bittelbrunn
Petersfelshöhle
Aachquelle

Böttingen
Götzenaltar
400-jährige Linde Richtung Königsheim

Buchheim
Bandopferplatz am Rockenbusch

Bräunlingen-Waldhausen
Opferplatz bei Burgruine Dellingen

Engen
Petersfels

Egesheim
Heidentor

Gremmelsbach
Schalensteine durch ein Kreuz cristianisiert

Hornberg
Teufelstritt auf dem Rebberg
Menhire auf dem Storenwaldkopf
Windeckfelsen

Kirnbach
Rappenstein

Langenrain bei Allesnbach
Halbmond Felsen

Laubenhausen-Hammereisenbach
Krumpenschloss
(wahrscheinlich ist der Wall keltischen Ursprungs)

Niederwasser
Schalensteine am Dachsfelsen
Megalithanlagen beim Karlstein

Rottweil-Neukirch
Viereckschanze

Rötenberg
Römerbrunnen Gemeindewald

Schonach
Der Blinde Stein am Rohrhardsberg
Altarstein mit Schale beim Rombachsägewerk

Villingen
Magdalenenberg – größter keltischer Grabhügel Europas

PLZ 79 Breisgau

Altenburg-Schaffhausen
Keltenwall

Degernau
Großsteingrab im Gewann „Toter Mann“
mit Seelenloch
Menhir

Endenburg bei Kandern
Zwei Menhire vermutlich Kalendersteine

Lörrach
Brandopferplatz im Homburger Wald

Loffenau
Teufelsmühle auf dem Steinberg

Niederdrossenbach
Hunnenstein am östlichen Hang des Gaisbühl

Niederschwärstadt
Heidenstein am Dinkelberg

Nögenschwiel
Langstein

Schwörstadt
Heidenstein

Tingen
Der lange Stein

Waldkirch
Kandelsfelsen

PLZ

8

PLZ 80 München

Münchner Dom

PLZ 82 München-Süd

Buchendorf
Keltenschanze

Grafrath bei Fürstenfeldbruck
Teufelstein

Leutstetten
Hügelgräber

Hohenpeißenberg
Hohenpeißenberg

Puch
Opferstein

Schäftlarn
Die Birg (keltische Wallanlage)

Schwaneck-Pullach
Burg Schwaneck

PLZ 83 Oberbayern

Ainring
Ainringer Moos (Moorheiligtum)

Bad Reichenhall
Burg Karlstein
Keltenschanzen

Bad Reichenhall-Großgmain
Kirchholz prähistorische Ringanlage und erratischer Block (Schalenstein/Sitzstein)
St. Zeno – alter Bestattungsplatz
Marzoll Marstempel

Bayerisch Gmain
Keltischer Grabhügel
Teufelsloch
Steinerne Agnes

Berchtesgaden
Heilstollen im Haselgebirge
Kalvarienberg mit Kraftbäumen
Kälberstein
Untersberg
Almbachklamm
Wallfahrtskirche Maria Gern
Frauenbründl-Kraftbäume

Bergen
Engelstein
Höhle Hölloch

Bernau
Keltischer Siedlungsplatz am Hitzelsberg
Rottauer Filz (Moorheiligtum)
Geomantielehrpfad

Bischofswiesen
Steinerne Agnes

Chieming
Altarstein

Chiemsee
Fraueninsel
Kraftbaum
Klosterkirche

Edling/Wasserburg
am Stoa / Findling

Freising
Domkrypta

Gstadt am Chiemsee
Fraueninsel mit Kraftbaum Linde

Inzell
Falkenstein – Falkensee – Krottensee
Weißbachquelle
Frauenloch

Karlstein
Brandopferplätzle Eisenbichl und Langacker

Lenggries
Geigerstein

Marquartstein
begehbare Labyrinthe

Morbach
Belginum Archäologiepark

Oberaudorf bei Rosenheim
Wasserfeldbühel - Brandopferplatz

Oberjettenberg
Schwarzbachloch Höhle mit Kultquelle

Piding
Johanneshögl
Staufeneck Heilquelle

Schleching OT Klobenstein
Wallfahrtskirche

Seebruck
Viereckschanze

Siegsdorf
Wallfahrtskirche Maria Rast
Marienstein

Tegernsee
Riederstein Mariengrotte

Traunreuth
Lochstein
Kircherg

Traunstein
Klobenstein

PLZ 85 München-Nord

Altomünster
Altoquelle

Attenzell-Eichstätt
Felsturm Brand

Böhmfeld
Keltenschanze

Dietfurt
Mühlbachquelle

Enkering
Bergbefestigung Schellenberg

Konstein bei Eichstätt
Dohlenfelsen

Kipfenberg
Keltische Anlage
Kipfenberg Grüntopf OT Grösdorf

Landkreis Ingolstadt
Gerolfing Grabhügelfelder
Niederlauterbach Grabhügelfelder
Unterhausen Städteberg

Meilenhofen
Speckberg

Mörnsheim
Solaquelle

Nassenfels
Quellen

Schamhaupten
Schambachquelle

Titting
Burg Brunneck mit Blaubrunnen

Unteremmendorf
Felsentor

Walting bei Eichstätt
Quellen bei der Almosmühle

Wolkertshofen
Gleßbrunnen

PLZ 86 Donau Lech

Bernbeuren
Nikolaus-Kirche mit Kraftbaum
Auerberg St. Georgskirche mit Wallanlage
Heilquelle
Opferplatz

Bischofsried bei Dießen
Sieben Quellen bei Maria-Schnee-Kapelle

Bruggen bei Schongau
Weinberg

Christgarten bei Ederheim
Weiherberg

Edernheim bei Nördlingen
Hohle Steinbruch

Holheim bei Nördlingen
Ofnethöhlen

Hoppingen bei Harburg-Schwaben
Rollenberg

Itzenberg
Natur- und Kulturdenkmäler
Heilquelle

Lierheim bei Nördlingen
Die Hexenküche im Kaufertsberg
Mauern bei Neuburg
Weinberghöhle

Oberhausen-Unterhausen
Stätteberg

Oberostendorf OT Blonhofen
Brandopferplatz

Peiting
Schnalzhöhlen

Schongau
Brandopferplatz
Jungfernhöhle

Steingaden
Wieskirche
Kosterkirche

PLZ 87 Allgäu

Burgberg
Geisterburg

Durach bei Kempten
Dengelstein

Füssen
Alatsee
Heidenwiese am Weg zum Kalvarienberg
Burg Falkenstein
Mariengrotte in der Magnuskirche
Kalvarienberg
Lechfall
Runensteine bei Ziegelwies am Lechfall

Hohenschwangau
Schloß Neuschwanstein

Lechaschau/Österreich
Magnustritt und Magnussitz – heidnische Opferplätze
Spurstein

Oberstdorf
Energieplatz

Stötten am Auerberg
Der bodenlose See
Auerberg

PLZ 88 Bodensee

Altheim
Viereckschanze
Bad Buchau
Mooropferplatz

Bad Schussenried
Schussenquelle Federsee

Bad Saulgau- Bondorf
Keltenschanze

Baitenhausen
300-jährige Eiche
Bereich Herbrechtingen – Niederstotzingen

Bambergen bei Überlingen
Heidenlocher Weiher

Beuron
Paulshöhle

Billafingen bei Owingen
Ringwall Zwingenburg

Buchheim
Brandopferplatz

Kaltbrunn
Grabhügel Heidenbühl

Leibertingen-Thalheim
Keltenschanze beim Mühleichenhof

Ratzenried bei Argenbühl
Heillinde mit Durchschlupf beim unteren Schloßweiher

Scheidegg
Wasserfälle

Stetten
Steinzeithöhle

Zwiefalten
Kesselquelle

PLZ 89 Schwäbische Alb Ost

Bartholomä
Wentalweible
Felsenmeer
Hexenloch

Blaubeuren
Blautopf
Brillenhöhle
Syrgenstein-Höhle
Geißenklösterl

Ehingen OT Kirchen
Gesundheitsbrunnen

Feldstetten bei Laichingen
Höllenloch
Hohler Stein

Finningen bei Dillingen
Osterstein in Unterfinningen

Heidenheim
Heidenschmiede
Hexenfelsen bei Mergelstetten
Birkelsteinhöhle in Richtung Nattheim

Heidenheim/Schnaitheim
Viereckschanze

Heldenfingen
Hungerbrunnen

Herbrechtingen
Die steinernen Jungfrauen

Hürben
Vogelberghöhle

Nattheim/Fleinheim
Viereckschanze

Schelklingen
Hohle Stein
Aachquelle

Sontheim im Stubental
Knillwäldchen

Springen
Schmiechquelle

Steinheim am Albuch
Steinhirt
Hirschfelsen

PLZ

9

PLZ 90 Nürnberg

Nürnberg
Druidenstein

Grünsberg
Teufelsküche

Rosstal
Karstquellen „Sieben Quellen“

Röthenbach
St.Wolfgang-Quelle

PLZ 91 Nürnberg

Auerbach bei Amberg
Die Silberlochhöhle im Galgental

Emetzheim
Götzenstein

Engelhardsberg
Quakenschloß

Forchheim
Walberla

Gräfenberg bei Forchheim
Teufelstisch

Happurg
Ringwall auf dem Houbirg

Heiligenstadt-Stücht
Der Hohle Stein

Hersbruck
Neutrasfelsen

Illschwang
Hainsburg
Osterloch

Neuhaus a.d. Pegnitz
Rabenfels

Plech
Felsenloch

Raitenbuch
Hohlloch

Rohr
Klosterkirche Maria Himmelfahrt

Thalmässing
Keltenschanze

Waischenfeld und Umgebung
Riesenburg im Wiesenttal
Ludwigshöhle im Ailsbachtal
Sophienhöhle
600-jährige Russenlinde in Breitenlesau
1200-jähriger Weißdorn in Wohnsgehaig
Felsengarten Sanspareil

Weißenlohe
Teufelstisch
Lillachquelle
Sinterstufen

Wohlmannsgesees bei Pottenstein
Druidenhain

Wohlmannsgesees
Druidenhain

Zant
Keltenschanze

PLZ 92 Oberpfalz

Edelsfeld
Teufelssattel

Floß bei Weiden
Doost mit Teufels Butterfaß

Hohenstein bei Tirschenreuth
Wolfenstein

Königstein
Höhle von Loch Schelmbachsteingrotte

Krottensee bei Königstein
Maximiliansfelsen
Breitensteiner Bäuerin
Zyprianstein
Mysteriengrotte

Lauterhofen
Lauterach-Quelle

Neunburg vorm Wald
Druidenstein

Pleystein
Kreuzstein (ein Rosenquarzfelsen)

Vilseck
Kreuzberg mit Teufelsstein

Weiden
Teufelstein (Teufelsstuhl) am Fischerberg

Windischeschenbach-Falkenberg
Waldnaab mit Felsenformation
Amboß
Flaschenbovist
Nymphenfelsen
Kammerwagen
Teufelssitz
Rauschfelsen
Gletschermühle
Tischstein

PLZ 93 Bayer. Wald West

Arnschwang
Schrazzellöcher
Teufelsstein
Keltenschanze

Altmannstein
Bavariabuche

Bad Abbach
Schlupfstein

Cham
Lamberg

Chamerau
Felsen am Regen

Essing
Maifelsen
Schellnecker Wänd
Klausenhöhle
Silberlichhöhle

Falkenstein
Schalensteine
Schlupfsteine
Heiligenkammer

Kelheim
Befreiungshalle

Kötzting
1000-jährige Wolframlinde

Michaelsneukirch
Schwammerlfelsen am Kimstein

Nittendorf-Etterzhausen
Räuberhöhle

Pempfling
Schalensteine

Riedenburg
Felsformation Rosenburg

Stamsried
Schrazellöcher

Thierlstein bei Cham
Teufelsmauer

Wald bei Cham
Näpfchensteine

Weltenburg-Kelheim
Versteinerte Jungfrau

PLZ 94 Bayer. Wald Ost

Bischofsmais
Teufelstisch

Burghausen
Heidenstein

Haidmühle bei Freyung
Dreisessel

Rötz
Steinerne Wand auf dem Schwarzwihrberg

Ruderting
Teufelstein

Saldenburg
Wackelstein
Steinernes Kirchlein

Schönbrunn bei Feyung
Lusen

Solla
Wackelstein

Straubing
Wallanlage auf dem Bogenberg

Usterling bei Landau/Isar
Johannisfelsen auch wachsender Fels genannt

Viechtach
Pfahl früher Teufelsmauer genannt

Wegscheid
Bärenloch

Zachenberg
Felsenlabyrinth am Bornstein bei Triefenried

PLZ 95 Fichtelgebirge

Markt Zell
Teufelstisch

Tirschenreuth
Naabquelle (Fichtelsee)

Wunsiedel
Felsenlabyrinth Luisenburg

PLZ 96 Nordfranken

Coburg
Hohenstein
Ebern-Haßberge
Rothenhahn

Kümmersreuth
Chamnitzen
Pfarrweisach-Hassberge
Lichtenstein

Staffelstein
Staffelstein

Tiefenellern
Jungfernhöhle

Truckenthal-Neuendorf
Keltenburg

Wattendorf
Motzenstein

PLZ 97 Mainfranken

Bad Brückenau
Dreistelz

Bad Kissingen-Aura
Wichtelhöhlen an der Batzenleite
Gersfeld
Wachtküppel

Gersfeld
Wachtküppel

Geroda
Schondratal - drei Quellen bilden die Schondra

Hofheim Ufr.
Schwedenschanze am Haßberge

Kleinsassen
Milseburg

Königstein-Brehmen
Viereckschanze

Lengfurt-Triefenstein
Hexenbrünnlein

Mellrichstadt
Frickenhäuser See

Motten
Der Pfilster mit Sauerbornquelle

Oberelsbach
Gangolfsberg mit Teufelswand und Teufelskeller
Steinernes Haus mit See

Schwarzerden
Eubestein
Pferdskopf

Volkers-Oberbach
Die großen und die langen Steine

Wildflecken
Ringwall Kreuzberg

PLZ 98 Thüringer Wald

Geratal
Kammerlöcher von Angelroda

Rhömhild
Kleiner Gleichberg
Steinburg

Schwarza
Gipfelplateau des Dolmar

Viernau
Donnershauk und der Hohe Möst

PLZ 99 Nordthüringen

Appenrode
Goldborn
Steinmühltal

Buchholz
Giebichenhagen

Buchfart
Felsburg

Buttelstedt
Wetzstein

Eisenach
Hörselberg
Hörselloch
Tannhauserhöhle
Venushöhle
Wartburg

Ellrich
Grottensee
Höhle die Kelle
Goldborn

Oberdorla
Opfermoor
Kainspring-Quelle
Melchiorbrunnen

Sondershausen
Frauenberg

...zu neuen Kraftorten

Ruhe-Friede-Weisheit

Die Möwe Erna hatte sich einen Fisch aus dem Meer gefangen und erhob sich damit in die Lüfte. Die anderen Möwen erblickten den Leckerbissen und verfolgten Erna.

Sie wollten ihr den Fisch abjagen und griffen die Möwe an. Immer wieder hackten sie mit ihren spitzen Schnäbeln auf Erna ein, bis sie den Fisch fallen ließ.

Die Verfolger stürzten sich auf den herabfallenden Fisch und kämpften erbittert um die Beute. Erna aber stieg immer höher und ließ sich vom Wind tragen. Sie genoss die plötzliche Ruhe und den Frieden.

Ich wünsche Dir an allen Kraftorten, die Du besuchst, Ruhe, Frieden, Weisheit und neue Möglichkeiten, Dir zu begegnen. Vielleicht sehen wir uns ja mal an so einem Ort.

Erwarte nur das Beste für Dich.

Autor

Jürgen Wolf war viele Jahre als Unternehmensberater in der Freizeitbranche tätig. Seine Schwerpunkte lagen im modernen Führungsstil und Team-Management. Seit 1995 widmet er sich den Bereichen der Persönlichkeitsentwicklung sowie der Kommunikation

In seiner Arbeit verbindet er ganz unterschiedliche Wege aus den Bereichen alternative Psychologie und Spiritualität. Er hat es sich zur Aufgabe gemacht, Menschen dabei zu unterstützen, an ihre verborgenen Fähigkeiten zu gelangen um authentisch ihren Lebensweg gehen zu können.

Weitere Informationen findest Du unter:
www.meinkraftort.net

Orte der Kraft und Energie

in Deutschland

Adolphe Landspurg

Die stärksten Kraftorte in Deutschland werden detailliert in Ihrer Wirkung, Intensität und Umgebung beschrieben. Dabei kommt auch der historische Kontext nicht zu kurz. Ein unverzichtbarer Führer zu den wichtigsten und auch teils bisher wenig bekannten Kraftorten.

268 Seiten, mit Abbildungen, kartoniert
ISBN 978-3-940392-44-2 **19,90 €**

Kraftort Zuhause

Bauen für die Bedürfnisse des modernen Menschen

Franz Steiner

Welche unbewussten Wirkungen üben herkömmliche Architekturformen auf uns aus? Kann eine menschengemäße Architektur die Grundlage für Sozialkompetenz und Frieden sein? Welche verborgenen Eigenschaften wohnen natürlichen Materialien inne? Franz Steiner präsentiert in diesem Buch eine völlig neuartige, ganzheitliche Sichtweise des Bauens.

100 Seiten, kartoniert
ISBN 978-3-939272-80-9 **10,01 €**

+49 (0) 61 54 - 60 39 5-0
info@synergia-auslieferung.de
www.synergia-auslieferung.de